계급이란 무엇인가?

갖가지 불평등의 원인을 이해하는 열쇠

계급이란 무엇인가?

갖가지 불평등의 원인을 이해하는 열쇠

린지 저먼 지음 | 최병현 옮김

책갈피

계급이란 무엇인가?
갖가지 불평등의 원인을 이해하는 열쇠

지은이 | 린지 저먼
옮긴이 | 최병현

펴낸이 | 김태훈
편집 | 최재필
본문 디자인 | 고은이
펴낸 곳 | 도서출판 책갈피
등록 | 1992년 2월 14일(제2014-000019호)
주소 | 서울 성동구 무학봉15길 12 2층
전화 | 02) 2265-6354
팩스 | 02) 2265-6395
이메일 | bookmarx@naver.com
홈페이지 | http://chaekgalpi.com
페이스북 | http://facebook.com/chaekgalpi
인스타그램 | http://instagram.com/chaekgalpi_books

첫 번째 찍은 날 2021년 2월 19일
두 번째 찍은 날 2021년 6월 14일

값 12,000원

ISBN 978-89-7966-201-6

차례

일러두기

1. 인명과 지명 등의 외래어는 최대한 외래어 표기법에 맞춰 표기했다.

2. 《 》 부호는 책과 잡지를 나타내고 〈 〉 부호는 신문, 주간지, 방송 프로그램을 나타낸다. 논문은 " "로 나타냈다.

3. 본문에서 [ ]는 옮긴이나 편집자가 독자의 이해를 돕거나 문맥을 매끄럽게 하려고 덧붙인 것이다. 인용문에서 지은이가 덧붙인 것은 [— 지은이]로 표기했다.

4. 본문의 각주는 옮긴이나 편집자가 넣은 것이다.

추천사

마르크스의 계급론은 현재 사회를 인식하고 변화시키기 위한 출발점

김하영(《오늘날 한국의 노동계급》 저자)

이 책은 계급 문제를 마르크스주의 관점에서 쓴 쉽고 명쾌한 입문서이다. 계급을 한물간 얘기로 여기거나 계급의 존재를 인정하더라도 혼란이 많은 요즘, 이 책의 출판은 반가운 일이 아닐 수 없다.

많은 사람들, 심지어 좌파조차 직업·소득·지위·의식·라이프스타일 등에 따라 계급을 나누는 사회학의 영향을 받는다. 같은 노동자인데도 정규직과 비정규직을 하나의 계급으로 보기 어렵다거나, 자동차 공장 정규직 노동자 같은 일부 노동자는 자기 집을 갖고 여가를 즐기게 되면서 중간계급이 됐다거나, 교사나 의사 같은 전문직 종사자들은 노동계급에 속하지 않는다는 주장을 노동운동 안에서도 어렵지 않게 들을 수 있다. 계급보다 젠더나 인종 정체성이 더 중요하다는 생각도 널리 퍼져 있다.

이 책의 저자 린지 저먼은 사회체제의 작동 원리 속에서 계급을 살펴봄으로써, 계급에 대한 각종 표피적 접근과 혼란에서 벗어나 계급을 올바로 이해할 수 있는 기초를 제공한다. 자본주의는 생산수단을 지배하는 소수(자본가 계급)가, 생산수단 접근권이 없어 노동력을 팔아야 생계를 꾸릴 수 있는 다수(노동계급)를 착취하는 체제이다. 이처럼 생산수단과 맺는 관계에 따라, 즉 착취 관계 속에서 놓인 처지에 따라 계급이 나뉜다.

린지 저먼은 영국에서 오랫동안 혁명적 사회주의자로 활동했고, 계급·여성해방·개혁주의에 관해 많은 글과 책을 썼다. 한국에 번역 소개된 저서로는 《여성과 마르크스주의》(책갈피), 《야만의 주식회사 G8을 말하다》(공저, 시대의창) 등이 있다. 명연설가이기도 한 그는 2000년대 초 이라크 전쟁 반대 운동이 대규모로 벌어질 때 전쟁저지연합StWC을 이끌었고, 지금도 전쟁저지연합 사무총장이다. 2004년에는 급진 좌파 연합체 리스펙트RESPECT의 런던 시장 후보로 출마하기도 했다.

이 책은 모두 다섯 장으로 이뤄져 있다. 계급이란 무엇인지를 설명하는 데서 시작해(1장), 자본주의 사회의 노동계급, 지배계급, 중간계급이 각각 누구이고 어떤 구실을 하는지 살펴본다

(2~4장). 그리고 노동계급이 어떻게 사회 변화의 주체가 될 수 있는지, 노동조합의 구실과 한계, 혁명적 정당의 필요성을 다룬다(5장).

이 책은 계급 불평등에 대한 날카로운 폭로와 풍부한 역사적 사례를 담고 있어 계급 문제가 생소한 사람들도 마르크스주의의 접근법을 쉽게 이해하도록 돕는다. 더 나아가, 계급 문제를 둘러싼 다양한 쟁점을 다루면서 흔한 오해와 혼란을 마르크스주의의 관점으로 바로잡고 있다는 점에서 계급 문제를 깊이 있게 알고자 하는 사람들에게도 유용한 책이다. 사회주의자인 린지 저먼은 계급투쟁이라는 실천 문제를 넘나들며, 사회계급들에 대한 올바른 이해가 노동자 운동을 전진시키는 데 얼마나 중요한지를 보여 준다. 이것은 학술 서적과는 다른 이 책의 큰 장점이다.

이 책이 영국에서 처음 출판된 것은 1996년이지만, 오늘의 현실에 비춰 봐도 그 내용과 사례가 전혀 뒤처지지 않는다. 일부 통계가 옛것이긴 해도 추세로 볼 때 여전히 의미 있는 데다 출판사 측이 최신 통계를 병기해 주고 있어 지난 20년간의 변화도 알 수 있다. 그 덕분에 이 책의 주장이 시간의 검증을 견뎠음을 확인할 수 있다는 이점도 있다.

사실 이 책이 다루는 쟁점들은 시대에 뒤처지기는커녕 오히려 요즘 한국 상황에 딱 들어맞는다. 1990년대 선진국 노동운동이 직면한 현실과 유행 담론이 대부분 수년 전부터 한국에서도 고스란히 나타나고 있기 때문이다. 한국도 지난 20년간 두 차례의 심각한 경제 위기와 구조조정을 겪으면서 노동계급의 구성 변화를 경험했고, 그에 따른 다양한 혼란이 노동운동 안에 퍼진 탓이다.

제조업 비중의 하락을 노동계급의 쇠퇴로 본다든지, 비정규직(또는 유연 노동)의 증가나 그 효과를 과장하며 노동계급이 저항할 힘을 잃었다고 본다든지, 서비스업 비중과 여성 노동의 증가를 노동계급의 약화로 여긴다든지, 화이트칼라 피고용인의 증가를 중간계급의 확대로 본다든지 등이 그것이다. 이런 오해와 착각은 노동계급의 '전형'처럼 인식되던 부문이 더는 전처럼 전투적이지 않다는 인상과 결합되면서, 노동계급에 안녕을 고하고 '새로운 주체'를 찾아 나서는 것으로 이어지곤 한다.

그러나 이것은 대개 일부의 변화를 과장한 단견에 불과하다. 자본주의는 끊임없이 생산수단을 혁신해 왔고, 그에 따라 산업이 변화하고 노동계급의 구성도 변화했다. 역사적으로 고찰해 보면, 노동계급의 구성 변화를 노동계급의 종말로 보는 것이 얼마나 근시안적인지 알 수 있다. 수십 년 전이나 1세기 전에도 노동계급의 쇠퇴나 종말을 주장한 사람들이 간헐적으로 있었지만 그들이 그렇게 착각한 변화는 오히려 새로운 노동계급의 출현과 투쟁을 이끌었다.

이 책은 자본주의 역사를 통해 노동계급이 어떻게 변화해 왔는지 살펴보는데, 자본주의 역사가 긴 영국의 사례는 (압축적 산업화를 경험한 한국보다) 이를 선명하게 보여 준다는 이점이 있다. 기술혁신과 노동 형태의 변화, 노동계급의 구성 변화에 대한 논의는 최근 관심이 뜨거운 4차 산업혁명과 노동의 미래를 이해하는 데도 길잡이가 될 것이다.

이 책이 자본가 계급에 관해 한 장을 할애해 다루고 있는 것도 매우 유익하다. 사회학은 자본가 계급이 사회에서 차지하는 비중이 극히 적다는 이유로 어이없게도 그에 대한 분석을 흔히 제쳐 버린다. 그러나 자본가 계급은 극소수이지만 하찮은 집단이기는커녕 하나의 독자적 계급으로서 이 사회를 지배한다. 자본가 계급은 부를 소유한다는 것 이상을 의미한다. 자본주의 사회에서 부를 소유한 사람들뿐 아니라 기업을 관리·경영하는 사람들, 국가기관을 관리하는 고위 관료 등이 자본가 계급에 포함된다. 이 책은 자본가 계급이 누구이고 어떻게 부와 특권을 유지하는지를 체제의 작동 원리와 현실 폭로를 결합해 보여 주고 있다.

중간계급 문제도 중요하다. 중간계급의 상존은 자본주의 사회가 양대 계급으로 나뉘는 경향이 있다는 마르크스의 설명이 틀렸음을 보여 주는 증거로 흔히 제시된다. 이 책은 역사적 추세를 통해 이런 주장을 반박할 뿐 아니라, 신중간계급으로 분류되는 전문직·관리직 종사자의 많은 수가 프롤레타리아화하는 경향이 있음을 보여 준다. 중간계급은 유동적이고 자본주의 사회의 모순된 압력을 받는데, 이것은 그들의 정치적 태도에 영향을 미친다. 단일한 계급으로서의 독립성이 없기 때문에 정치적으로 동요하며 양대 계급(자본가 계급과 노동계급) 가운데 더 단호한 쪽을 따르는 것이다. 이런 속성을 알면, 노동자 운동이 어떻게 중간계급의 지지를 얻을 수 있는지, 중간계급과 노동계급의 차이를 흐리는 민중주의(진보 포퓰리즘) 전략은 왜 결국 실패하는지 등을 알 수 있다.

그런데 도대체 노동계급이 사회 변화의 주체가 될 수는 있을까? 현재 있는 그대로의 노동계급은 도무지 그럴 것처럼 보이지 않는다고들 한다. 그러나 이 책은 잠재력과 변화라는 관점에서 이 문제를 다룬다. 노동자는 마르크스가 말한 '노동의 소외' 때문에 '노동과정'뿐 아니라 삶의 모든 측면에 대한 통제력이 없어 무력감을 느낀다. 그래서 노동을 지겹고 따분하기만 한 것으로 여기고 소비나 여가에서 삶의 의미를 찾으려 한다. 그렇지만 이윤 시스템과 사용자들이 가하는 압력 때문에 노동자들은 집단적 투쟁으로 떠밀리고, 바로 이런 투쟁 속에서 관념이 바뀌고 사상이 발전한다. 마르크스는 이렇게 썼다. "공산주의 의식이 대규모로 확산되고 공산주의의 목적 자체가 실현되려면, 대대적 규모로 인간 자신이 변해야 하며, 이런 대규모 변화는 오직 실천적 운동, 즉 혁명을 통해서만 일어난다."

우리는 노동자들이 투쟁에 참여하면서 자신도 놀랄 만큼 의식이 변하는 사례를 어렵지 않게 볼 수 있다. 그러나 이 책의 저자 린지 저먼은 노동조합 투쟁을 통한 의식 변화에는 어쩔 수 없는 한계가 있다고 지적한다. 특히, 노동조합 지도자들이 때로 불가피하지 않은데도 양보하고 타협하며 갈팡질팡하는데, 많은 조합원들도 이런 타협이 자신들이 통제하지 못하는 시스템 아래에서 얻어 낼 수 있는 최선이라고 받아들이는 것이다. 분명 투쟁은 의식을 변화시키지만, 흔히 사회혁명의 필요성을 깨닫는 것으로까지 나아가는 것은 아니다. 노동계급의 혁명적 잠재력과 실제 현실 사이의 모순을 극복하려면 노동조합에서 더 나아가 혁명적 정당이 필요하다. 사회혁명의 필요성을 이해하는 소수가 조직돼, 노동계급에 뿌리내리고 영향력을 획득해야 한다. 그래야 중요한 순간에 노동자들이 제한적 방어전을 넘어 자본주의에 대한 전면적 공세에 나서도록 도울 수 있다.

계급의식이 고정적인 것이 아니라 투쟁을 통해 변한다는 점과 거기에 혁명적 소수의 개입이 중요하다는 점을 이해하는 것은 매우 중요하다. 숱한 사람들이 노동자들의 라이프스타일 일부(가령 특정 소비)를 도덕주의적으로 비난하거나, 노동자들을 '교육·선전'을 통해 일방으로 가르쳐야 할 대상으로 여긴다. 또는 투쟁을 통한 의식 변화라는 측면에 옳게 주목하면서도 계급의식에 개입하는 혁명적 정당의 구실은 오해하거나 간과한다. 이 책은 계급뿐 아니라 계급의식에 관한 다양한 쟁점도 염두에 두면서, 짧아도 깊이 있는 논의를 전개하고 있다.

계급과, 계급들의 관계를 제대로 아는 것이 계급투쟁을 분석하는 출발점이라고 할 수 있다. 적의 일부(가령 자본주의 국가)를 중립적 존재로 착각한다든지, 서로 다른 계급을 하나로(포퓰리즘적으로) 뭉뚱그린다든지, 신분과 정체성을 앞세워 노동계급의 분열을 악화시킨다든지, 부차적이고 동요하는 집단(가령 소상공인)에 노동계급을 종속시킨다면, 투쟁의 전진에 도움이 못되고 오히려 장애를 초래할 수 있다. 비록 이 책이 20여 년 전에 쓰였고 주로 영국의 사례를 들고 있지만, 독자들은 이 책을 통해 계급과 계급의식 문제를 이해하는 데 큰 도움을 얻고, 더 나아가 한국 상황에 적용하는 능력을 키울 수 있을 것이다.

1장

계급에 대한 이해와 오해

사회학의 계급·계층론 비판

한날한시에 태어난 아이라도 속한 계급에 따라 완전히 다른 삶을 살기 마련이다. 계급 배경은 '지능'이 얼마나 높은지, 학교에서 얼마나 열심히 공부하는지 같은 주관적 요소보다 아이의 미래에 더 큰 영향을 미친다.

노동계급의 아이는 태어날 때부터 (병원에서건 집에서건) 더 열악하고 비좁은 환경에 놓인다. 그리고 유아기에 죽거나 중병에 걸리거나 집 안팎에서 사고를 당할 확률이 훨씬 더 높다. 집도 무척 작아서 형제자매가 한방을 쓴다. [놀이 공간이 변변찮아] 좁은 마당이나 베란다, 심지어 길거리에서 논다. 학교는 낡은 데다 비좁다.

지배계급(과 상당수 중간계급)의 아이는 완전히 다른 환경에서 자란다. 이 아이들은 태어날 때부터 애지중지 떠받들어진다. 호텔 같은 사립 병원에서 태어나고, 보모를 들이고 놀이방을 따로 둘 만큼 넓은 집에서 갖은 혜택을 누리며 자란다. 지배계급의 아이는 노동계급의 아이보다 평균적으로 훨씬 건강하고, 사고를 당하거나 병에 걸릴 확률도 훨씬 낮다. 이 아이들이 다니는 학교는 평범한 아이들이 다니는 공립학교에 비하면 궁전이다. 이런 학교에는 넓은 잔디 운동장, 수영장, 테니스장, 잘 갖춰진 도서관, 어학실, 음악실이 있다.

아동기의 이런 불평등은 자신이 속하게 되는 계급에 따라 삶의 기회와 선택이 축소되거나 적어도 상당히 제한되는 성인기를 준비하는 (필수적) 과정이다. 고등교육 진학, 일자리, 출세, 소득, 사는 곳, 쇼핑하는 곳이 대부분 계급에 따라 결정된다. 그리고 사회적 지위가 낮을수록 사고를 당하거나 병에 걸릴 확률이 더 높다. 돈으로 건강을 살 수는 없지만 건강에 영향을 미칠 수는 있다. 빈곤층(특히 남성)은 일반적으로 부유층보다 일찍 죽는다.

사람들은 이런 차이가 존재한다는 것을 다들 잘 안다. "유전무죄 무전유죄"라는 말은 돈·권력·영향력이 있는 사람들과 없는 사람들이 다르게 대우받는다는 인식을 보여 준다. 우리가 '계급사회에 산다'는 것은 상식이다. 사람들은 대부분 자신이 사장과 매우 다른 처우를 받는다는 것도 안다. 육체 노동자는 칼같이 출근 카드를 찍고 빠듯한 시간 안에 식사하고 툭하면 잔업을 해야 하지만, 임금은 낮고 휴가는 짧다. 화이트칼라 노동자는 때때로 좀 더 재량의 여지가 있을 수도 있지만, 그들 또한 갈수록 통제가 심해지고 저임금 고강도 노동을 강요받는다.

반면, 경영자와 사장은 특별 대우를 받는다. 으레 회사 차를 타고 다니면서 기름 값 한 푼 내지 않고, 사립학교 등록금에 대한 세금을 감면받고, 그 밖의 여러 특혜를 누린다. 휴가는 노동자보다 훨씬 길고, 은퇴하면 상당한 연금도 받는다(노동자 평균 임금보다 월등히 높다). 경영자와 사장은 자신이 더 열심히 일하기 때문에 그런 혜택을 받는 것이 마땅하다고 강변한다. 그렇지만 그들은 대다수 육체 노동자보다 적은 시간 일하며, 거기에는 출근해서 신문을 읽거나 회사 경비로 먹는 세 시간짜리 '비즈니스 런치' 따위마저 포함된다(대다수 노동자는 이런 일을 여가 활동으로 여길 것이다).

노동 영역에서 계급 간 차이는 아마 사람들의 삶에서 가장 눈에 띄는 요소일 것이다. 바로 이런 차이가 (주택이나 건강 등) 노동 영역 바깥의 많은 것을 결정한다.

> 노동조건이 가장 열악한 집단, 즉 가장 오래 일하고, 사회적 유대가 철저히 파괴되고 개인적으로 기진맥진해지고, 고용이 가장 불안하고 업무 권한도 가장 적은 집단이 더 편하고 안정적인 환경에서 더 적게 일하는 집단보다 유난히 임금이 낮다. 특히 육체 노동자는 화이트칼라나 관리직보다 평균적으로 더 오래 일하고, 교대 근무를 더 많이 하고, 노동과정과 시간을 더 엄격하게 통제받고, 더 시끄럽고 더 춥거나 더운 곳에서 일하고, 더 안

좋은 구내식당과 화장실을 사용한다.

동시에 육체 노동자는 산업재해를 더 많이 겪고, 휴가가 더 짧고, 연금이 더 적고, 소득이 더 불안정하고, 실업률이 더 높다. 소득 수준과 양상도 많이 다른데, 이들은 중간관리직이나 전문직 공무원이 누리는 정기 임금 인상이나 직장 연금을 누리지 못해, 소득이 젊을 때 정점을 찍은 후 점차 감소해 가난한 노후를 보낸다.[1]

주택은 계급에 따라 상당히 분명하게 나뉜다. 방이 두셋 되는 공영·민영 주택단지와 다세대 주택이 다닥다닥 붙어있는 지역에는 십중팔구 노동계급이 산다. 중간계급은 마당이 딸린 크고 튼튼한 주택에 살 가능성이 높다. 부자들은 교외 고급 주택가나 런던의 나이츠브리지·메이페어·벨그레이비아 같은 부촌에 산다.

계급을 기준으로 보면, 주택 소유 비율도 생각보다 차이가 크다. 숙련 노동자조차 오직 4분의 3만이 주택담보대출을 받아 집을 소유하고, 미숙련 노동자는 그 비율이 절반도 채 되지 않는다. 1992년 기준으로 전문직의 87퍼센트, 사용자와 관리자의 90퍼센트가 주택담보대출금이나 자기 돈으로 주택을 소유했다. 반면, 노동자의 경우에는 이 비율이 떨어져 숙련 육체 노동자는 75퍼센트, 하급 비육체 노동자는 73퍼센트, 반숙련 육체 노

동자는 55퍼센트였고, 미숙련 육체 노동자는 고작 46퍼센트에 그쳤다.[2]■

■ 오늘날 한국의 상황을 봐도 주택 보유율의 격차는 크다. 한국주택금융공사에 따르면 2014년에 월평균 소득이 221만 원 이하인 가구의 주택 보유율은 34.6퍼센트인데 반해, 월평균 소득이 621만 원 이상인 가구의 주택 보유율은 83.5퍼센트에 달했다.

계급에 따른 이런 차이는 사실상 삶의 모든 영역에서 비슷하게 나타난다. 일반적으로 가난하고 단순노동에 종사할수록 더 나은 조건에 있는 동년배의 전문직·관리직 종사자보다 더 자주 아프고 여러 질병에 시달리거나 일찍 죽을 가능성이 높다. 이런 경향은 육체 노동자에게서 가장 뚜렷하게 나타나지만 틀에 박힌 일을 하는 화이트칼라 노동자에게도 나타난다. 이것은 계급과 노동이 건강에 영향을 미친다는 것을 보여 준다. 런던 공무원의 스트레스 수준에 대한 연구를 보면, 업무 스트레스로 건강이 악화될 가능성이 가장 높은 사람은 고위 간부가 아니라 그 밑에서 일하는 사람이다. 〈파이낸셜 타임스〉에 따르면, "(집배원이나 사무·행정 보조원 같은) 가장 낮은 직급의 공무원은 업무 스트레스가 높은 상급 관리자보다 10년 내 사망할 가능성이 3배이고 병가를 내는 비율도 6배이다. 이들이 가난하거나 절대적 생활수준이 그렇게 낮지 않은데도 말이다."[3]

어떤 물건을 소유하는지도 계급에 따라 차이가 크다. 가정용 컴퓨터 보유율이 전문직은 52퍼센트, 경영자·사용자는 41퍼센트이지만 비육체 노동자는 33퍼센트, 숙련 육체 노동자는 27퍼센트, 미숙련 육체 노동자는 21퍼센트에 그친다.■ 식기세척기 보유율도 미숙련 육체 노동자는 기껏해야 4퍼센트이지만 전문직은 41퍼센트이다.■■ 전문직과 관리직은 사실상 모든 내구소비재 항목에서 평균 이상의 보유율을 보인다.[4] 반숙련·미숙련 육체 노동자, 임시직 노동자의 40퍼센트는 연차휴가가 없지만, 중간급 이상 전문직·관리직의 80퍼센트는 1년에 최소한 한 번의 휴가를 받고 20퍼센트는 세 번 이상의 휴가를 받는다.[5]

삶의 질 또한 계급에 따라 결정된다. 전문직·관리직 집단이 레스토랑(패스트푸드점 제외)에서 외식하는 경우는 반숙련·미숙련 노동자의 거의 2배다. 평균적으로 영국 인구의 33퍼센트가 [1년에 한 번] 영화관에 가는데, 전문직·관리직 계층은 그보다 높은 46퍼센트다. 정부 간행물 《사회 동향》에 따르면, "중간급 이상 전문직·관리직 계층은 모든 [여가 — 지은이] 활동에 … 다른 사회계층보다 더 자주 참여한다."[6]

■ 이 통계는 1990년대 초중반 영국 상황을 나타낸다. 오늘날 기술이 발전하면서 가정용 컴퓨터 보유율은 급속도로 증가했다. 그럼에도 가정용 컴퓨터 보유율의 격차는 여전히 존재한다. 영국 통계청(ONS)에 따르면 2017년 가구 소득 하위 20퍼센트 가구는 평균 62퍼센트가 가정용 컴퓨터를 보유했으며, 상위 20퍼센트 가구는 100퍼센트의 보유율을 보인다(ONS, 2018).

■■ 2017년 영국 가구의 식기세척기 보유율을 보면, 여전히 가구 소득 하위 10퍼센트 가구가 16퍼센트인 반면, 상위 10퍼센트 가구는 86퍼센트가 식기세척기를 보유하고 있다(ONS, 2018).

주식 소유 또한 계급 배경을 반영한다. 개인이 자사 주식이나 1980년대 민영화된 기업의 주식을 사면서 주식 소유가 평등한 사회의 징표인 양 여겨지기도 하지만 말이다. 1980년대 말에 진행한 한 연구는 "고위 관리직이나 전문가 집단은 주식을 보유할 가능성이 미숙련 육체 노동자 집단의 7배였다"고 보고했다.[7] 또한 중·하급 관리직이나 화이트칼라 노동자의 2배는 되는 듯하다.■

지금까지 살펴본 여러 종류의 불평등이 계속되는 이유는 간단하다. 바로 자본주의 사회에서 부의 분배가 지독히 불평등하기 때문이다. [영국에서] 가장 부유한 1퍼센트가 모든 부의 27퍼센트를,■■ 가장 부유한 5퍼센트가 모든 부의 절반을, 가장 부유한 25퍼센트가 모든 부의 80퍼센트를 소유하지만 하위 50퍼센트는 겨우 7퍼센트를 소유할 뿐이다.[8] 이 수치는 십중팔구 가장 부유한 사람들의 실제 부를 적게 잡은 것이다. 이런 수치에는 (예컨대 경비 처리되는 [회사 차량 등]) 현물 혜택, 민간 의료보험 지원금, 비과세 재산소득, 주주로서 받게 될 유보이익 등은 포함되지 않는 경향이 있다.[9]

■ 오늘날 한국에서도 주식 소유의 격차는 뚜렷하다. 2013년 통계청에 따르면, 가구 소득 상위 10퍼센트 가구가 주식을 소유한 비율은 하위 50퍼센트 전체 가구가 주식을 소유한 비율의 8배에 이른다.

■■ 부의 불평등은 오늘날 더욱 심각하다. 2017년 전 세계에서 가장 부유한 1퍼센트가 전 세계 부의 절반을 소유하고 있다. 이는 2008년 경제 위기 이후 8퍼센트포인트가 증가한 수치다 (*The Guardian*, 14 November 2017).

상속은 부의 소유 여부를 결정하는 데 큰 구실을 한다. 일례로, 여성의 기업 경영과 고위 전문직 진출 비율은 상당히 낮은데도 전체 민간 부문 부의 40퍼센트를 여성이 소유한다.[10] 태어난 집안과 경제 형편이 여전히 사람의 앞날을 결정하는 주요 요소다. 다른 모든 조건이 같고 삶의 기회가 동등하다면, 상층 사회집단 자녀의 오직 3퍼센트만 상층 사회집단에 속하는 일자리를 얻었을 텐데, 현실에서는 그 비율이 40퍼센트에 이른다.[11] 또 다른 조사에 따르면 "경영직·전문직의 자녀가 경영직·전문직이 될 확률은 반숙련·미숙련 육체 노동자 자녀의 3배 가까이 된다. 이들이 최하층 집단이 될 확률은 3분의 1도 안 된다."[12]

상층계급과 일부 중간계급은 자신의 부를 이용해 이런 불평등을 강화한다. 예컨대 그들은 기부금을 내고 자녀를 입학시키는데, 이 덕분에 그들의 자녀는 이미 누리고 있는 것보다 훨씬 많은 특혜를 받는다. 가족과 친구로 형성된 상류층의 인맥은 부유한 권력자의 자녀들에게 특권적 직업을 보장하고 직장에서 탄탄대로를 달리게 하는 연줄이 된다. 학교와 사교 모임은 모두 상류층의 출세를 도와주는 사회구조의 일부다.

의도적으로 눈감고 모른 체하지만 않는다면 이런 불평등의 사례는 쉽게 찾아볼 수 있다. 공공연한 자본주의 옹호자들은 부자가 성공한 것은 그럴 만한 능력이 있어서라거나, '가정 교육'을 잘 받아서 재산을 상속받을 '자격'이 있기 때문이라고 주장한다. 그렇지만 대다수 사람들은 불평등이 지속되는 좀 더 근본적이고 구조적인 문제가 있다는 것을 잘 안다.

그런데도 20세기 말이 되면서, 사회 상층에서는 '우리는 모두 중간계급'이고 계급 분열이라는 생각은 구시대적이라는 합의가 생기고 있다. 계급이 완전히 사라졌다고 여기진 않더라도 많은 사람이 계급 분단이 사라져 가는 추세라고 생각한다. 십중팔구 노동계급에 상당수 화이트칼라 노동자를 포함하지 않고는, 노동계급의 규모와 영향력이 줄어들고 있다고 결론 내린다. 불평등에 대해서는 일부 불우한 '언더클래스'가■ 있지만 다수는 잘살고 있다고 설명한다. 또는 사회가 '3분의 2 대 3분의 1'로, 즉 사회의 번영에서 득을 보는 3분의 2와 배제되는 3분의 1로 나뉘었다고 설명하기도 한다.

그러고는 사회계층 구조에 양극단이 있다고 본다. 맨 위에 탐욕스러운 자본가가 있고, 맨 밑에 경제적으로 소외된 실업자인 '언더클래스'가 있다는 것이다. 이런 식으로 "이제 우리는 모두 중간계급"이라고 말하는 언론 기사가 정기적으로 쏟아진다. 최근 한 기사는 도저히 중간계급이라고 부를 수

■ **언더클래스**(underclass) 고질적으로 고용이 되지 않아 복지에 의존해 사는 빈민층을 가리키는 말. 이 말은 좌파에서 우파까지 제각각 사용하지만 모두 노동계급 밑에 새로 등장한 또 다른 계급이 있다는 인식을 공유한다. 흔히 '최하층계급'이라고 번역되기도 하나 노동계급 아래에 있는 또 다른 계급이라는 의미를 살리고자 '언더클래스'라고 그대로 옮겼다. 이와 관련한 논의는 79~89쪽에 나와 있다.

없는 요크 공작부인[세라 퍼거슨]과 백만장자 록 스타 믹 재거를 중간계급에 포함했다.[13] 오늘날 사람들은 계급에 대해 말하고 흔히 자신을 특정 계급의 일원이라고 여기지만 계급에 대한 정의와 이해는 몹시 모호하다.

이런 모호함은 아마도 계급이 라이프스타일·소득·지위와 관련 있다고 보는 통속적 관점 때문일 것이다. 흔히 사람들은 부모가 육체 노동자인지, 어떤 말씨를 쓰는지에 따라 자신의 계급을 정의한다. 이는 계급을 겉모습에 따라 구분하는 것이다. 겉모습을 좌우하는 라이프스타일은 계급을 가로지르는 것처럼 보인다. 예를 들어 모든 사람이 자동차를 보유하고, 주택담보대출을 받고, 민간 연금에 가입하고 있는 것처럼 보이지만, 적잖은 사람은 이런 것을 전혀 누리지 못한다. 그렇다고 이들이 '언더클래스'인 것도 아니다. 영국에서 자동차가 없는 가구가 3분의 1이나 되고 런던에서는 이 비율이 40퍼센트나 되는 것을 보면 말이다.[14]

대중문화가 발달하고 여러 분야에서 독점 기업이 성장하면서, 특정 행동을 보편적이라고 포장하는 시도가 계속된다. 예컨대, 세인즈버리스[대형 마트 체인]에서 쇼핑하기는 모든 계급이 하는 것처럼 여겨진다. 영화관에 가고, 놀이공원에 놀러 가고, 컴퓨터게임을 하는 것은 계급 분단을 넘어 모두가 즐기는 일인 것 같다. 다이애나 왕세자비조차 자신의 아이들을 놀이공원에

데려가고 대중음악을 듣는다. 등록금이 매우 비싼 사립학교에 다니는 아이들도 종종 맥도날드에서 식사한다(물론 평소에는 훨씬 고가의 식사를 하지만 말이다).

이 모든 것이 계급 분단을 숨기거나 적어도 흐리는 데 기여한다. 사람들이 어떤 차를 소유하는지, 세인즈버리스에서 한 카트 가득 쇼핑하는 데 필요한 돈을 벌려면 얼마나 오래 일해야 하는지, '행복한 가족' 생활이 수월하도록 보모를 고용할 여유가 있는지 등에 대해서는 아무도 말하지 않는다. 역사가 에릭 홉스봄은 "과거에는 누구는 자가용이 있고 누구는 없었지만, 이제는 누구는 [소형차] 폴크스바겐비틀을 타고 누구는 [고급차] 메르세데스벤츠를 타는 정도의 차이가 있을 뿐"이라고 주장했다.[15] 그렇지만 이것은 계급을 라이프스타일에 따라 구분하는 접근법의 터무니없는 예다. 영국의 대다수 노동자는 벤츠는커녕 어떤 종류의 새 차도 살 여유가 없는 상황이다.[16]

그런데 여기에는 중요한 정치적 함의가 있다. 라이프스타일과 계급을 동일시하는 이런 접근은 노동계급이 사라지고 있다는 주장을 강화한다는 점이다. 오늘날 사회학자나 언론은 '케케묵은 노동계급' 운운하며 납작모자를 쓰고 작업복을 입은 남성 육체 노동자의 이미지를 상기시킨다(마치 이 모습이 항상 모든 노동자를 대표한다는 듯이 말이다). 당연하게도 요즘 대다수 사람은 이런 노동자 상에 들어맞지 않는다. 그런데 이를 근거로 대다수 사람이 노동계급이 아니라거나 노동계급이 줄고 있다고 말하는 것이다. 그러나 이런 주장을 하는 사람들이 조끼를 입고 중산모를 쓰고 다니는 남자가 없으니 중간계급이 사라졌다고 결론 내리지는 않는다.

어떤 옷을 입고 어디서 쇼핑하고 식탁에 소스 병을 갖추고 있는지로 누군가를 판단하는 것은 겉으로 보이는 모습에 초점을 맞추는 접근법이다. 이런 접근법은 자본주의 사회 내부에 존재하는 근본적 사회관계를 전혀 설명하지 못한다. 최근 몇 년간 포스트모던 이론이 성장하면서 이런 접근법이 특히 흔해졌다. 포스트모던 이론은 모든 것은 완전히 주관적이고, 개인은 그가 입거나 먹는 것으로 정의되고, 정치란 곧 정체성이라는 메시지를 준다(개인의 정체성은 모종의 집단적 정체성이 아니라 옷이나 그 밖의 소비 '성향'에 따라 정의된다는 것이다). 정체성 정치가 이제 계급 정치보다 중요하게 여겨지면서 개인의 성별, 인종, 성적 지향이 계급적 차이보다 더 중요하게 다뤄진다. 문화적 선호나 소비문화가 계급적 차이를 초월해 오로지 개인의 선택에 따라 결정된다고 여겨진다.

지위에 초점을 맞춰 계급을 정의하는 것, 즉 사회에는 서열이 있기 마련이라며 사람들을 그중 하나에 끼워 맞추려는 접근법도 피상적이기는 마찬가지다. 이런 생각은 모두에게 특정한 사회적 지위가 있다는 것을 말해 줄 수 있겠지만, 왜 그런지,

왜 어떤 사람의 서열은 더 높은지, 왜 특정 사람에게만 권력이 있는지에 대해서는 설명하지 못한다. 또 대다수 사람들의 이해관계가 무엇인지도 밝히지 못한다. 자신보다 낮은 사람을 걷어차고 높은 사람의 비위를 맞추는 것이 이득인지, 아니면 '지위'는 약간 다르지만 가장 중요한 이해관계를 공유하는 사람들과 함께하는 것이 이득인지 말이다.

주관적 접근법은 계급을 정의하는 데 전혀 도움이 되지 않는다. 분배와 소비의 문제, 즉 불평등한 계급사회의 결과에서 시작할 뿐 애초에 무엇이 계급사회를 만들었는지 보지 않기 때문이다. 이런 접근법은 사회학자 막스 베버의 전통에 따라 사람들의 행동 양식에서 추론해 낸 것이다.

사람들이 왜 그리고 어떻게 역사의 여러 시기에 계급을 형성하는지를 이해하려면, 해당 사회를 지탱하는 경제적·사회적 요소를 살펴봐야 한다. 계급은 개인적 관계가 아니라 사회적 관계다. 계급은 사람들이 자신이 어느 계급에 속한다고 생각하는지가 아니라, 카를 마르크스가 생산수단이라 부른 것(공장, 기계 등)과 사람들이 맺는 객관적 관계에 따라 결정된다. 마르크스와 프리드리히 엥겔스가 1840년대에 발전시킨 이 분석은 계급에 대한 주관적 접근법이 범람하는 지금도 계급의 작동 원리를 이해하는 유일한 방법이다.

생산수단과 맺는 관계에 따라 계급이 결정된다는 마르크스의 접근법을 현재 사회에 적용하면, 착취 과정에서 하는 구실에 따라, 즉 착취하는 사람인지 착취받는 사람인지에 따라 자본주의 사회의 두 주요 계급을 정의할 수 있다. 마르크스와 엥겔스는 계급투쟁의 결과로 역사가 발전하고 변화한다고 봤다. "지금까지 존재한 모든 사회의 역사는 계급투쟁의 역사"라는 것이 그들의 요지였다.[17]

이를 통해 마르크스와 엥겔스는 사회 변화란 무작위로 벌어지는 연관 없는 사건들의 산물이 아니라 해당 사회에서 생산한 부의 지배권을 둘러싼 계급투쟁의 산물이라는 점을 꿰뚫어 볼 수 있었다. 여기서 계급투쟁이 "때로 은폐되고 때로 공공연하다"는 점은 문제가 아니다. 때때로 투쟁이 활발하지 않거나, 투쟁이 일어나도 계급과 무관해 보이는 것도 중요치 않다. 마르크스와 엥겔스가 다른 곳에서 쓴 것처럼 "국가 내에서 일어나는 모든 투쟁은 그것이 민주제·귀족제·군주제 사이의 투쟁이든 선거권을 위한 투쟁이든 환상적 형태에 불과하며 … 그 안에서 상이한 계급들의 진정한 투쟁들이 뒤섞여서 벌어진다."[18]

이런 계급투쟁은 상반된 결과를 낳을 수 있다. "사회 전반을 혁명적으로 재편하거나 투쟁하는 계급들이 공멸하는 것"이다.[19] 계급 적대는 새로운 계급이 돌파구를 찾아내 자신의 지배를 확립하는 것으로 이어지거나(17세기 영국의 내전과 혁명처럼) 옛 지배계급과 도전자가 모두 몰락해 사회가 퇴보하는 것으로 이어진다(로마제국의 몰락처럼).

자본주의가 발달하면서 서로 싸우는 양대 계급, 즉 부르주아지와 프롤레타리아가 생겨났다. 한쪽은 생산수단의 소유로, 다른 한쪽은 생존하려면 노동력을 팔아야 한다는 사실로 규정됐다. (농민·소상인·장인 등) 한동안 매우 다른 방식으로 생계를 꾸려 온 사람들은 자본주의 체제가 발달하면서 점점 압력을 받았다. 그중 극소수는 부르주아지(공장주와 자본가)의 일부로 편입됐고, 대다수는 생계를 위해 노동력을 팔아야 했기에 노동계급이 될 수밖에 없었다.

자본주의는 기존의 모든 것을 혁신한다. 자본주의의 생산력은 이전의 모든 것을 휩쓸면서, 거대도시를 만들고 생산을 집중하고 옛 노동 방식을 모두 파괴한다. 수천 년 동안 별다른 변화 없이 유지되던 사회도 자본주의 생산양식과 접촉하면서 빠르게 파괴됐다.

그래서 마르크스와 엥겔스는 다음과 같이 썼다. "오늘날 부르주아지와 대립하는 모든 계급 가운데 오직 프롤레타리아만이 진정으로 혁명적인 계급이다. 다른 계급은 현대 산업에 직면해 쇠퇴하고 결국 몰락하지만 프롤레타리아는 현대 산업의 고유하고도 본질적인 산물이다."[20]

또 프롤레타리아는 세상을 바꾸기 위해 집단적으로 행동해야 하는 혁명적 계급이라고 덧붙였는데, 노동자 혁명이 성공하려면 착취 체제의 일부만이 아니라 전체를 전복해야 하기 때문이라는 것이다.

마르크스와 엥겔스는 여기서 두 가지를 주장한다. 노동계급은 잠재적으로 혁명적 계급이라는 것, 그리고 혁명이 일어나[성공하]게 만드는 유일한 방법은 노동계급이 집단행동을 통해 생산수단을 장악하고 사유재산이 아니라 사회 전체의 이익을 위해 사회적 생산을 조직하는 사회를 확립하는 것이다.

마르크스주의 역사가 G E M 디스티 크로익스는 고대사회의 계급투쟁을 다룬 저서에서 계급을 다음과 같이 정의했다.

> 계급은 본질적으로 관계이고, 착취라는 사실을 집단적·사회적으로 표현한 것으로 착취가 어떻게 사회구조에 내재돼 있는지를 보여 준다. 여기서 착취란 타인이 노동한 산물을 일부 빼앗는 것을 의미한다. 즉, 상품생산 사회에서 착취는 마르크스가 말한 '잉여가치'를 빼앗는 것이다.
>
> 계급(특정 계급)은 사회에서 한 집단으로 묶이는 사람들을 지칭하는데, 그들이 전체 사회적 생산 체제에서 어떤 위치에 있는지에 따라 결정되고, 무엇보다 생산 조건(다시 말해, 생산수단과 노동)과 맺는 관계에 따라(주로 소유와 지배의 정도에 따라) 그리고 다른 계급과 맺는 관계에 따라 결정된다.[21]

계급은 객관적 관계다. 이 점이 중요하다. 개인의 실제 계급 위치는 자신이 어느 계급에 속한다고 생각하는지가 아니라 생존하려면 노동력을 팔아야만 하는지 여부에 달린 것이다. 즉, 계급 위치는 계급의식과 같지 않다. 노동계급에 속한 누군가가 보수당에 투표하고 공영주택을 사거나[■] 주식을 약간 소유하더라도 그는 여전히 노동자다. 노동계급의 이해관계와 현재의 의식을 혼동하는 많은 논객이 이런 기본 사항을 자주 놓친다. 이들은 평상시에 대다수 노동자의 생각이 전혀 혁명적이지 않으므로 노동계급이 혁명적 계급이라는 마르크스의 주장이 틀렸다고 흔히 주장한다.

그러나 노동계급의 이해관계와 특정 시기 노동계급의 의식 사이에는 분명히 차이가 있다. 마르크스는 이 점을 거듭거듭 설명했다. 마르크스는 노동계급이 모두 언제나 혁명적이라고 생각한 것이 아니다. 착취라는 조건(계급을 정의할 때 사용한 표현으로는 생산수단과 맺는 관계) 때문에 노동계급이 특정한 형태의 계급투쟁을 벌이고 특정한 방식으로 행동하는 경향이 있다고 생각한 것이다. 마르크스와 엥겔스는 초기 공동 저작인 《신성 가족》에 다음과 같이 썼다.

■ 마거릿 대처가 신자유주의 정책의 일환으로 도입한 것으로, 일정 기간 공영주택에 거주한 세입자가 해당 주택을 매입할 수 있게 했다. 이 정책으로 공영주택 수가 감소했고, 특히 런던처럼 부동산 가치가 높은 지역의 공영주택 보급률이 더욱 떨어졌다.

> 노동자 개인이, 심지어 전체 프롤레타리아가 무엇을 당면 목표로 여기는지는 중요하지 않다. 중요한 것은 프롤레타리아가 어떤 계급이고 그 객관적 조건에 따라 역사적으로 어떤 행동을 강요받는지다.[22]

이런 접근법을 통해 마르크스는 현재(있는 그대로)의 노동계급과 노동계급의 잠재력을 구별할 수 있었다.

이 점은 중요한데, 그 덕분에 우리는 두 가지를 이해할 수 있다. 첫째, 어떤 시기에 노동계급이 아무리 혁명적이지 않고 수동적일지라도, 소수 계급이 다수를 착취하는 자본주의 사회의 기본 모순 때문에 노동계급은 투쟁에 나서곤 한다는 것이다. 역사에서 주요 갈등은 생산자와 생산수단 소유자가 잉여생산물을 얼마큼씩 차지할 것인지를 두고 일어났다. 때로는 이를 둘러싼 갈등이 공공연하지 않을 수 있고, 어떤 때는 큰 투쟁으로 표출될 수 있다. 계급은 역동적 관계다. 노동자들이 착취 과정에서 생겨나고, 착취 과정은 자본가를 위한 이윤 생산에 갈수록 많은 사람을 끌어들인다. 결국, 시간이 지나면서 노동자는 자신이 처한 상황 때문에 노동자임을 자각하고 특정한 생각과 태도를 다른 노동자와 공유하게 된다.

마르크스의 계급 개념에서 도출되는 또 다른 중요한 점이 있다. 개인의 주관적 구실, 즉 사회주의자와 투사의 개입이 계급

투쟁과 계급의식을 발전시키는 데 일정한 영향을 미칠 수 있다는 것이다. 노동계급이 자본주의 체제에 맞서 싸울 잠재력이 있는 계급이라면, 혁명가의 구실은 노동계급의 잠재력을 이끌어 내는 것이다.

많은 사람이, 심지어 상당수 좌파도 마르크스의 계급 개념과 달리 계급은 [특정한 소득, 라이프스타일 같은] 변하지 않는 사회학적 사실이고 계급의식은 고정돼 변하지 않는다고 생각한다. 그래서 오직 자신을 노동자로 여기고 '노동자답게' 행동하는 사람만이 노동계급이라고 생각한다. 이것은 노동계급 내의 변화를 이해하지 못하는 관점이고 걸핏하면 '노동계급에게 안녕'을 고하는 이론의 핵심 근거 중 하나다. 예를 들어, 여성 은행 노동자는 노동자 하면 떠오르는 남성 육체 노동자라는 정형화된 이미지와는 거리가 멀기 때문에 노동계급이 아니라고 간주된다. 일부 여성 은행 노동자는 자신을 중간계급으로 생각할 수 있는데, [계급의식이 없으니] 노동자가 아니라는 것이다. 이런 접근법은 이러저러한 개인이 노동자인지 아닌지에 대한 완전히 무의미한 추측으로 이어질 뿐이다. 이는 진지한 계급 분석을 방해한다. 핵심은 어떤 노동자가 노동계급의 정형화된 이미지에 맞지 않아도(예컨대 오페라 관람을 즐기는 등) 그의 계급을 규정하는 데는 그보다 더 근본적 요소가 있다는 것이다. 즉, 살기 위해 자신의 노동력을 팔아야만 하는지 여부다.

위와 같은 관점이 본질적으로 노동계급을 후진적이고 변하지 않는 집단, 재능 있는 소수만이 벗어날 수 있는 집단으로 여기는 관점이라면, 이를 정확히 뒤집어 놓은 듯한 또 다른 관점이 있다. 이 관점은 예컨대 노동조합에 속한 노동자가 그러지 않은 노동자보다 더 선진적이라는 식으로 노동자를 구분 짓는 것이다. 그러나 특정 '전위' 집단에 주목하는 것은 (그 전위를 어떻게 정의하든) 노동자를 그들의 존재나 처지가 그들을 어디로 이끄는지가 아니라 그들의 생각에 따라 정의하는 것으로 이어진다. 그러면 계급은 한 집단이 생산수단과 맺는 관계가 아니라 그 집단이 주관적으로 자신을 어떻게 생각하는지에 따라 결정된다. 역사가 E P 톰슨은《영국 노동계급의 형성》서문에 다음과 같이 적었다.

> 계급은, 어떤 집단이 공통의 경험(전수받은 것이든 공유한 것이든)을 통해 자신들끼리는 이해관계가 동일하지만 다른 집단과는 이해관계가 다르다(대개 상반된다)고 느끼고 그것을 분명히 표현할 때 나타난다.[23]

이런 정식화는 [마르크스의] 계급 분석을 반만 받아들이는 것이다. 개인들이 하나의 계급이 돼 행동하는 과정에서 계급의식이라는 일련의 생각을 발전시키는 것은 그들이 [이미] 특정 계급의 일원이기 때문이다. 자신을 노동자라고 분명하게 인식하지 못하는 노동자도 사용자에 맞서 노동자로서 행동할 수 있다. 그래서 마르크스는 '즉자적' 노동계급과 '대자적' 노동계급을 구분했다. 즉, 객관적으로 존재하는 계급과 하나의 계급으로서 각성한 계급을 구분한 것이다.[24]

계급에 대한 정태적 관점과 노동자의 의식으로 계급을 정의하는 관점을 피하려면, 계급투쟁 속의 변화와 역동성을 봐야 한다. 그러지 않으면, 대다수 '후진적' 노동자는 일련의 고정된 견해를 지니고 있고 '전위적' 노동자도 마찬가지로 일련의 고정된 (다만 더 진보적인) 견해를 지니고 있다는 식으로 생각하기 쉽다. 여기서 조금만 더 나아가면 '전위'(이를테면, 인쇄 노동자나 금속 노동자)의 쇠퇴를 보고 노동계급 자체도 쇠퇴하고 있다고 여길 수 있다.[25]

오늘날 계급을 다룰 때 직면하는 또 다른 문제가 있다. 자본주의 사회의 구조는 적대하는 두 계급으로 나뉜 것보다 분명히 더 복잡하다. 첫째, 상당수의 '중간계급'이 존재한다(흔히 인구의 15~20퍼센트로 추산한다). 둘째, 노동계급이 성·국가·인종으로 분열해서 하나의 응집력 있는 계급이라고 말하기 어려운 듯 보인다.

자본주의가 발전하면서 옛 계급들이 통째로 파괴됐다. 기계가 발달하면서 그들의 기술과 지식이 쓸모없어졌고, 대자본과의 경쟁에서 밀려 도태되기도 했다. 이 때문에 점점 더 많은 사람은 노동계급, 즉 싸우는 양대 계급 중 하나가 될 수밖에 없었다. 그렇다고 양대 계급 사이에 존재하는 계층이 모두 사라진 것은 아니니다. 마르크스는 이 점을 알고 미완의 《자본론》 3권 마지막 장 "계급들"에서 당시 자본주의가 가장 발달해 이미 상당수 옛 계급이 쇠퇴하거나 몰락하고 있던 영국의 복잡한 계급 상황을 다음과 같이 썼다.

> [영국에서조차 — 지은이] 계급 구성은 순수한 형태로 나타나지 않는다. 중간적·과도적 계층이 도처에서 계급 경계선을 흐린다. 그러나 이것은 분석에서 중요하지 않다. 이미 살펴봤듯이 생산수단을 점점 노동과 분리하고 분산된 생산수단을 점점 대규모로 집중시켜서, 노동을 임노동으로 바꾸고 생산수단을 자본으로 전환하는 것은 자본주의적 생산양식의 끊임없는 경향이며 발전 법칙이다.[26]

자본주의는 두 주요 계급을 더 보편적인 계급으로 만들었고 그 밖의 계급은 파괴했다. 그렇다고 프티부르주아지나 변호사·의사 같은 전문직이 완전히 사라진 것은 아니다. 오늘날 거대 기업이 성장하고, 교육이 확대되고, 읽고 쓸 줄 알고 산술 능력이 있는 숙련 노동력이 필요해지면서 '중간계급' 봉급생활자가 대규모로 생겼다.

그럼에도 생산수단과 맺는 관계에 따라 그 위치와 이해관계가 규정되는 적대적인 두 주요 계급이 존재한다는 마르크스의 계급관은 오늘날의 자본주의 사회를 분석하는 출발점이다. 진정한 생산관계를 이해하려면 겉으로 드러나는 현실의 이면을 살펴봐야 하는 것처럼, 오늘날의 복잡한 계급사회를 이해하려면 상당한 노력을 들여야 한다. 어떤 집단들은 한눈에 봐도 '자본가'나 '노동자'라는 범주에 딱 들어맞을 수 있다. 그러나 어느 규정에도 들어맞지 않는 듯한 사람도 상당수다. 그들의 구실은 무엇일까?

이후 장들의 목표는 노동계급의 현 상태에 대한 질문에 답하는 것이다. 노동계급은 어떤 측면에서 변했을까? 다른 계급들은 어떻게 이해해야 할까? 노동계급은 오늘날의 세계를 바꿀 힘이 있을까?

2장

노동계급,
누구이고 어떻게 변해 왔나?

사람들이 자신을 노동계급이라고 인정하더라도(설문조사에서 흔히 그렇게 답한다), 그들이 생각하는 노동계급은 대체로 마르크스가 생각한 영웅적 노동계급이 아니다. 점점 더 많은 사람이 노동계급을 그저 출신 배경 정도로 생각하고, 부모 세대에나 있던 것으로 여긴다. 노동계급은 하나의 기준점이다. 우리가 과거에서 얼마나 아득한 거리를 걸어왔는지 돌아볼 때나 필요한 기준 말이다. 말하자면, 노동계급은 역사에서 쫓겨났다.[1]

노동계급은 옛말이라는 생각은 매우 만연해서 거의 상식처럼 여겨진다. 노동계급이 감소하고 사라지고 몰락하고 있다는 주장은 이제 상투적 표현이 됐고, 수많은 책, 신문 기사, 학술 연구의 바탕을 이룬다. [영국의] 두 주요 정당의 정책도 이런 가정에 기초한다. 보수당은 "계급 없는 사회" 운운하고, 마거릿 대처는 "사회 같은 건 없다"면서 그저 개인들이 있을 뿐이라고 강변한다. 이자들은 노동자를 '중간계급'이 되려고 필사적으로 애

쓰는 개인으로 여긴다. 노동당은 자신들의 텃밭이던 노동계급 공동체가 이제 사라졌고, (불행한 '언더클래스'를 제외한) 대다수 노동자가 자본주의 사회의 번영을 함께 누릴 수 있다는 주장을 받아들인다.

이런 결론의 근거는 크게 두 가지다. 첫째, 모든 주요 자본주의 나라에서 제조업 비중이 낮아지고 서비스업 비중이 증가했다는 점이다. 사실 제조업 생산량은 지난 20년 동안에도 상당히 증가했다(심지어 영국에서도 생산량은 줄지 않고 유지됐다). 그러나 생산성이 더 많이 높아졌기 때문에 제조업 노동력을 줄이고 서비스업 고용을 늘릴 수 있었다. 그 결과 생산된 전체 부에서 제조업의 비중이 낮아진 것이다.[2] 둘째, 이와 함께 블루칼라 육체 노동자는 줄고 화이트칼라 노동자가 크게 늘었다는 점이다. 이런 변화는 사실 20세기 후반부의 특징이었다(이런 경향이 20세기 내내 나타났음을 보여 주는 지표도 많다). 노동계급의 구성과 사람들이 종사하는 업종이 이같이 변하자 [많은 사람은] 전통적 노동계급은 규모가 줄고 있고 따라서 예전 같은 사회적 중요도를 가지지 못한다고 결론지었다.

일부 화이트칼라와 서비스 노동자가 설령 노동계급의 일원이라 해도 더는 노동자처럼 사고하지 않는다는 생각이 이런 관점을 강화한다. 이들은 노동조합에 가입하지 않는 편이고, 파업을 하는 경우도 드물고, 생산과 노동이 아니라 소비와 여가 생활에 따라 자신을 규정한다는 식이다.

게다가 선진 자본주의 국가의 '탈산업화' 과정과 함께 일부 산업의 퇴조는 향수 어린 관점을 더욱 강화했다. 즉, 광물을 채굴하거나 철강을 다루는 것 같은 진짜 일거리는 더는 존재하지 않고, 영국 같은 나라는 이제 아무것도 제조하지 않아 요새 젊은이들이 구할 수 있는 일거리는 사실상 무가치하다는 것이다. '엑스세대'는■ 진짜 일을 절대 경험하지 못하고, 이들의 미래는 지위가 낮고 조직도 잘 되지 않는 '맥잡'에■■ 갇힐 것이다. 광원이었던 한 노동자는 다음과 같이 말했다.

> 이 나라는 하나의 거대한 놀이공원이 될 거예요. 일자리라곤 핫도그를 팔거나 택시를 운전하는 일밖에 없어요. … 지금 이 나라는 공업 기반을 잃었어요. 제철소가 없어지고 항만노동제도도■■■ 사라졌죠. 부두와 조선소마저 없어졌어요. 모두가 생산 현장을 떠나 화이트칼라 노동자가 됐어요. 화이트칼라 노동자가 덜 투쟁적이라거나 덜 조직돼 있다고 말하려는 건 아니지만, 이들이 공동체 생활을 하지 않는다는 건 분명해요.[3]

■ **엑스세대** 1990년대 중반에 사용된 말이고 20대 이하의 젊은 세대를 뜻했다.

■■ **맥잡** 저임금에 전망도 없는 일자리를 패스트푸드점 맥도날드 일자리에 빗대어 쓰는 말.

■■■ **항만노동제도** 항만 노동자 파업의 결과로 1947년에 도입된 제도다. 당시 항만 노동자는 일용직이나 마찬가지여서 일을 못 하는 날도 있었는데, 이 제도는 일이 없는 날에도 사용자 측이 일정한 임금을 지급하도록 했다. 1989년 마거릿 대처 정부 시절에 폐지됐다.

'포드주의적' 생산 라인 산업에서 일하는 남성 육체 노동자의 강력한 조직들이 지역사회 심지어 도시나 광역 전체를 주름잡던 모습은 아직 노동계급의 기억에 남아 있다. 1940년대 중반까지만 해도 사우스웨일스 골짜기 지역에서는 사실상 모든 남성이 탄광이나 제철소에서 일했다. (노스이스트, 스코틀랜드 중앙 산업 지대, 요크셔의) 다른 중공업 단지에서도 마찬가지였다. [이런 곳뿐 아니라] 제1·2차세계대전 사이 불황기였던 1920~1930년대에 성장한 '신'산업 지역들마저 이제 산업 퇴조기의 희생양이 됐다. 예컨대, 런던 서부의 지정문화재인 후버 공장 건물은■ 이제 대형 마트인 테스코 매장으로 '보존'되고 있다.

그래서 예전에는 산업이 팽창하고 물건이 생산되고 노동자들이 집단적 목적의식을 지녔다는 식의 기억이 남게 됐고, 이런 기억은 다음과 같은 생각으로 이어지고 있다. "초기 산업 시대를 대표하는 대영제국 같은 나라 전체가 이제는 대체로 탈산업화돼, 지나간 과거를 전시하는 살아 있는 아니 죽어 가는 박물관이 돼 버렸다. 이 나라는 사업가들이 얼마쯤은 성공적인 관광 명소로나 활용한다."[4]

■ **후버** 20세기 초중반 영국의 대표적 진공청소기 제조사다. 1933년에 지어진 런던 서부의 후버 공장 건물은 1920~1930년대에 유행한 아르 데코 양식으로 디자인돼 문화재로 지정됐다.

그러나 이런 기억은 기껏해야 부분적으로만 현실에 부합한다. 흔히 전통적이거나 전형적이라고 생각하는 산업과 일자리조차 비교적 최근에 생긴 것이다. 자본주의는 생산수단을 끊임없이 혁신하는 특성이 있다. 자본주의 초기부터 구조조정은 자본주의의 중요한 특성이었다. 한때 역동적이던 산업도 사양길에 들어서고, 새 산업이 속속 생겨난다. 이렇게 새 산업이 나타나면, 새로운 마을과 지역이 번창하고 새로운 노동 습관이 정착되고 새로운 유관 산업도 나타난다. 가장 중요하게는, 새로운 노동계급이 나타난다. 이런 과정은 자본주의 자체만큼 오래된 것이다.

18세기에 시작해 산업자본주의 시대를 연 산업혁명의 기반은 대개 섬유산업이었다. 맨체스터를 중심으로 한 랭커셔주州의 면공업 지역은 주변 지역은 물론 멀리 떨어진 콘월주의 농업·광업 노동자와 가난한 아일랜드 농민까지 빨아들이며 놀라운 속도로 발전했다. [이 과정에서] 새로운 노동계급이 탄생했는데, 상당수가 상대적 저임금을 받고도 일하려는 여성이었다. 섬유산업의 발달에 대한 [당시] 노동자들의 설명에는 이전 시기(방직공이 남성이고, 공장의 '악마의 맷돌'이■ 아니라 집에서 직물을 짜고, 사람들이 도시 빈민가로 내몰리지 않던)에 대한 진심 어린 향수가 배어 있다. 그러나 산업화에 맞서 노동·생활 조건을 지키려는 저항이 (1830~1840년대 노동계급 대중운동인 차티스트운동

■ **악마의 맷돌** 영국의 시인이자 화가인 윌리엄 블레이크가 19세기 초에 자연과 인간관계가 파괴된 산업혁명 초기의 암울함을 비유적으로 표현한 말.

을 부분적으로 촉발하기는 했지만) 섬유산업의 팽창과 대도시의 확산을 막지는 못했다. 1840년대에 빈곤이 확대되고 차티스트운동이 패배하자, 19세기 중반쯤에는 산업 발달에 따른 삶의 방식이 받아들여지고 강화됐다. 이미 이 당시 영국의 주요 산업 기반은 섬유산업에서 중공업으로 옮겨 가기 시작했고 오늘날까지 중공업은 영국 산업의 특징으로 여겨진다.

중공업 생산은 해외 수출을 기반으로 성장했다. 수출에서 면사와 면제품이 차지하는 비율은 1830년에 50.8퍼센트에서 1870년에 35.8퍼센트로 떨어졌다.[5] 반면, 중공업 수출은 증가했다. "1840년 2월 [새 자본재는 — 지은이] 제조업 수출에서 11퍼센트를 차지했고, 1857년 9월에 22퍼센트, 1882년 4월에는 27퍼센트를 기록했다. 1840년 2월에는 75만 파운드도 안 되던 석탄 수출이 1857년 9월에는 300만 파운드를 넘어섰고, 철강 수출도 약 300만 파운드에서 1300만 파운드를 훨씬 웃도는 수준으로 크게 늘었다."[6]

철·철강·석탄 생산은 산업이 팽창하던 이 시기에 급격하게 증가했다. 1850년에서 1870년 사이에 철과 석탄 생산량은 3배가 됐고, 철강은 4만 9000톤에서 14만 7000톤으로 증가했다. 1880년 무렵에 영국의 석탄 광원은 이미 50만 명이었고, 1914년 제1차세계대전이 발발할 즈음에는 120만 명에 달했다.[7]

영국 자본주의의 이런 구조 변화에 따라 노동계급에 대한

'전통적' 이미지가 형성됐다. 노동자는 거의 전적으로 남성이고, 중공업에 종사하고, 크루·스윈던·더비 같은 광산·철강·철도 산업 도시의 공동체에 속한다는 식이다. 그러나 당시에도 이런 이미지에 들어맞는 노동자는 채 절반도 되지 않았다. 실제로는 다음과 같았던 듯하다.

> 영국은 '세계의 공장'으로 널리 알려졌지만, 뜻밖에도 제조업과 유관 산업 종사자가 고용 인구의 절반을 넘지 않았다. 지금까지 나온 통계(19세기 중반까지의 통계는 완전하지 않다)를 살펴보면 … 전체 제조업 고용은 최근까지도 단일 부문으로는 가장 크지만 고용 인구의 절반에 이른 적이 단 한 번도, 그 어떤 때도 없다.[8]

19세기 후반에 대다수 노동자는 육체 노동자로 분류됐지만[9] 이들을 모두 제조업 노동자와 동일시하는 것은 오류일 것이다.

육체 노동자는 제조업에서 농업에 이르기까지 다양한 부문에서 일했다. 여성 노동자의 가장 큰 두 축은 섬유산업 노동자와 가정부였다. 섬유산업 노동자는 상대적으로 높은 임금을 받고 잘 조직돼 있던 반면, 가정부는 반숙련 직종으로 분류됐고 매우 고되고 단조로운 일을 했다. 가정부는 사실상 조직되기 어려웠고, 끔찍한 대우와 낮은 임금을 받았다.

농업 노동자도 노동인구의 큰 부분을 차지했다. 1851년에 농업 노동자는 섬유 노동자의 3배였고, 19세기가 끝나 가는 1891년에도 농업 부문은 다른 어떤 산업 부문보다 많은 노동자를 고용했다.[10] 그리고 당시 제조업은 [특정 지역에] 매우 집중돼 있었다. [제조업 발달 지역이 아닌] 런던의 많은 노동자는 서비스 노동자였고, 상당수가 임시직이었다. 런던 항만 노동자는 임시직이었고, 노점상, 재봉, 모자 제작, 장갑 제작 등 흔히 여성 노동자가 많은 다양한 직종의 일자리도 임시직이었다.[11]

노동계급은 결코 균일하지 않았다. 노동계급의 사고방식·사상·습성은 개별 노동자의 경험, 사업장 규모, 노동 방식에 따라 달랐다. 대부분의 경우 이 노동자 집단들은 1880년대 말과 1910~1914년 '노동자 대투쟁'의■ 시기가 되기 전까지는 딱히 투쟁적이지 않았다. 1880년대 파업이 벌어지면서 (숙련 노동자 중심이 아닌) 새로운 일반노동조합이 등장했는데, 이것은 당시 파업의 주역이 가장 후진적이라 여겨지던 노동자였음을 보여 준다. 성냥 공장 노동자, 항만 노동자, 가스 노동자, 피클·잼·사탕 공장 노동자의 파업은 모두 여성, 아일랜드 이주민, 미숙련 노동자가 조직하고 이끌었다. 이런 부문은 당시까지만 해도 조직될 수 없다고 여겨졌

■ **노동자 대투쟁** 1910~1914년 영국에서 벌어진 거대한 노동자 투쟁. 임금과 노동조건 공격에 분노해 시작한 파업이 전국으로 퍼져 연간 파업 일수가 1000만 일까지 치솟았고 조합원 수도 갑절이 됐다.

는데 말이다. 오늘날 잘 조직된 부문으로 알려진 조선·금속 노동자 등은 당시에는 기껏해야 매우 협소하고 숙련공의 이익만 챙기는 부문주의적 파업을 하는 집단으로 유명했다.

중공업이 발전하면서 영국 자본주의는 전성기를 맞았고, 영국의 거대한 수출 시장은 대영제국의 규모와 세계적 영향력을 보여 줬다. 그러나 19세기가 끝날 무렵 철강과 공산품 시장을 둘러싼 경쟁자, 특히 미국과 독일의 부상으로 영국은 갈수록 압박을 받았다. 영국 주요 산업(섬유·철강·조선·철도)의 상대적 쇠퇴가 천천히 진행됐다. 이와 함께 노동계급에 대한 구조조정이 진행됐다.

이 산업들은 적어도 제1차세계대전까지는 매우 중요했다. 그렇지만 새로운 산업들이 생겨나 새로운 제품을 만들었을 뿐 아니라 기존 방식과는 다른 새로운 생산방식을 도입했다. 미국의 산업이 발전하면서 처음으로 대량생산 산업이 등장했는데, 이 산업은 주로 국내 소비 시장을 겨냥했다. 타자기와 재봉틀 같은 상품이 그런 것이다. 20세기가 시작되면서 자동차, 자전거 또는 가정용품을 전문으로 생산하는 산업이 생겨났다. 이런 산업은 대개 생산 라인 기법을 사용했다. 이것은 노동자에게 똑같은 작업을 반복시켜 생산성을 최대한 끌어올리게끔 하는 분업에 바탕을 두는 방식이다(예컨대 자동차 공장). 각각의 작업을 수행하는 데 걸리는 시간을 측정하고 생산성 향상 압박을 끊임없이 가했다. '포드주의'(미국에서 처음으로 자동차 대량 판매를 시작한 자동차 제조업자 헨리 포드의 이름에서 따온 용어)와 '테일러주의'('과학적 관리'의 창시자 F W 테일러의 이름에서 따온 용어)라는 두 단어는 새로운 산업 조직 방식을 설명하는 용어가 됐고, 이 새로운 방식은 20세기 노동계급에게 심대한 영향을 미쳤다.

영국 산업의 변화는 양차 대전 사이에 가장 분명했다. 노동계급의 변화도 마찬가지였다. 특히 광원은 노동계급 구성에서 여전히 매우 중요한 부분이었지만(1926년 총파업 때도 여전히 100만 명이 넘었다), 제1차세계대전을 거치면서 전통적 중공업은 매우 약해졌고 이후로도 회복하지 못했다. 또 노동인구가 전반적으로 증가하면서, 전체 노동인구에서 중공업 노동자의 상대적 비중도 줄어들었다.

어떤 일자리와 어떤 노동자가 중공업을 대체했을까? 먼저 항공기, 자동차, 전자 제품 등을 생산하는 '신산업'을 꼽을 수 있다. '신산업'은 쇠퇴하는 옛 산업과 매우 큰 차이가 있었다. 공장 장비가 더 가볍고 현대식이었다. 작업은 보통 생산 라인 기법을 바탕으로 조직됐다. '신산업'은 석탄이나 철강 관련 산업이 발달한 지역에서 빠르게 성장했다. 옥스퍼드, 웨스트미들랜즈, 런던의 일부 지역, 특히 코번트리에서 크게 성장했다. 심지어 1930년대 대불황 시기에도 그랬다.

이런 공장에서는 '새로운' 노동자가 일했는데, 이들은 농사나 지역 산업에서 전망을 찾지 못해 시골에서 올라온 청년들이었다. 많은 여성은 자신의 어머니나 할머니가 흔히 하던 가정부가 되고 싶지 않았고, 상대적으로 '공정한' 조건과 사교 클럽 같은 부대시설을 갖춘 새 공장에 매력을 느꼈다. 전직 광원도 많았는데, 특히 광산이 문을 닫은 사우스웨일스 출신 광원이 많았다. 이들은 일자리를 구하러 흔히 슬라우나 서부 런던 변두리까지 걸어갔다. 비슷하게, 코번트리와 옥스퍼드도 일자리를 찾아 스코틀랜드, 잉글랜드 노스이스트, 그 밖의 불황 지역에서 몰려온 노동자들로 붐볐다. 바로 이 노동자들이 대불황 시기에 노동조합을 건설하고자 노력한 주축이었다(1930년대 한 공산당 조직자는 이들을 '풋내기' 노동자라고 묘사했지만 말이다).[12]

양차 대전 사이에는 새로운 제조업의 등장과 더불어 상점 노동자도 늘었다. 소매점이 급격하게 늘어난 결과였는데, 당시 담배 가게는 1.66배, 제과점은 2.5배, 약국은 3배로 늘어났다.[13]

노동계급의 구성에 영향을 준 또 다른 산업 요인은 사무직의 성장이었다. 남성 엘리트의 전유물로 여겨지던 사무직이 최소한의 자격 요건을 갖춘 젊은 노동계급 여성이 선호하는 직업으로 바뀌는 과정은 주목할 만하다. 또한 사무직의 업무 스트레스와 심지어 노동조건이 비非사무직과 빠르게 비슷해진 점도 주목할 만하다. 타이핑 전문 인력, 수십 명의 교환원을 둔 전화

교환국, '문서 정리원'이라 불리는 노동자 집단이 필요했는데, 이는 한때 노동계급이 아닌 특권층이라 간주되던 부문에 '테일러주의'가 침투한 방식을 보여 줬다.

제2차세계대전 이전의 사무직 증가는 오늘날에도 계속되고 있는 사무직의 증가와 비교하면 아무것도 아니었다. 그러나 사무직도 (제조업과 마찬가지로) 끊임없이 구조조정된다. 1940년대와 달리 오늘날에는 타자식 계산기 기사나 타자기 속기사 같은 직종이 존재하지 않는다. 이런 직종은 워드프로세서 기사나 컬러복사기 기사 같은 직종으로 교체됐고, 이것은 은행 등에서 하던 여러 작업을 혁신했다. 이와 더불어 노동자를 교육·재교육하고, 나이 든 노동자를 새롭고 젊고 (자본가의 눈으로 볼 때) 더 잘 적응하는 노동자로 교체하는 과정이 계속됐다. 사무직의 이런 변화는 소매업과 공장 생산의 혁신, 그 밖의 노동 세계에서 일어난 혁신과 맞물린 것이다. 이런 혁신은 자본주의가 시작된 이래 계속된 노동과정의 변화와 그에 따른 노동계급의 변화와 유사했다.

20세기 후반기에 이런 변화는 한층 더 나아가 제조업에서 서비스업으로 더 급격하게 이동했다. 제조업의 [노동]생산성이 갈수록 높아지면서 제조업 일자리는 많이 사라진 반면, 서비스직은 여전히 노동 집약적 특성이 훨씬 강했기 때문이다. 동시에, 실제 생산과정과 함께 사무 업무가 증가하면서 '그림자 생산 시스템'도■ 커졌고, 그에 따라 완전히 새로운 노동자 집단이 생겼다.[14] 제조된 상품의 분배에 큰 영향을 주는 금융이나 영업 같은 부문이 바로 이런 경향의 사례다.

■ **그림자 생산 시스템** 생산과정에 직접적으로 드러나지 않는다는 의미로, 생산을 관리하고 운영하는 사무 업무 등을 뜻한다.

오늘날의 노동과 노동자에게 일어난 변화를 이해하려면 이런 광범한 경향을 하나하나 살펴봐야 한다.

제조업과 서비스업의 구분

20세기 전반에 걸쳐 산업은 제조업 부문에서 서비스업으로 이동했다. 영국에서 서비스업의 성장이 반전되고 있다는 기미는 보이지 않는다. 제조업 관련 고용(원자재 채취 같은 부문 포함)은 1901년에 전체 고용 인구의 43.9퍼센트, 1961년에 47.8퍼센트, 1987년에 30.6퍼센트였다. 반면, 서비스업 고용은 1901년에 30.2퍼센트에서 1961년에는 41.2퍼센트로, 1987년경에는 68퍼센트(상업이 35.5퍼센트, 공공서비스와 그 밖의 서비스가 32.5퍼센트)로 올랐다.[15] 영국의 제조업 비중이 감소하는 속도는 최근에 더 빨라졌다. 제조업 부문이 영국 산업에서 차지하는 비중은 이제 겨우 20퍼센트다.[16]

에릭 홉스봄은 1980년대 초에 일어난 영국 제조업의 축소(당시 제조업의 4분의 1이 사라졌다)를 '진정한 산업 대학살'이라고 표현했다.[17] 영국의 거의 모든 탄광이 문을 닫은 것도 이런 식으로 설명된다. 흔히 '진짜' 일자리가 '문화유산 놀이공원' 일자리로 교체됐다는 식으로 말하지만, 서비스업과 새로 생긴 일자리의 성격은 이런 설명과 꽤 다르다.

서비스업 일자리가 웨이트리스, 미용사, 맥도날드 아르바이트 같은 일자리만 있는 것은 아니다. 많은 서비스업 일자리는 '전통적' 노동계급 일자리로 간주되는 것들이다. 운송 노동자, 우편배달 노동자, 항만 노동자, 전기통신 기사는 모두 서비스 부문에 속한다. 이런 노동자들은 언제나 고용 인구의 상당한 부분을 차지한다. 제조업의 전성기에도 그랬다(앞서 봤듯이 20세기 초에 전체 고용 인구의 거의 3분의 1이 서비스업에 종사했다).

서비스직의 상당 부분은 화이트칼라이고 (은행 노동자 같은) 일부는 상당한 숙련 노동자이지만, 이런 분류에 속하지 않는 서비스직도 많다. 많은 서비스 노동자가, 노동계급을 '손을 더럽히면서 일하는 집단'으로 규정하는 사회학적 분류 기준에 부합할 것이다. 자동차 배기관을 교체하는 퀵핏■ 노동자나 대형 트럭에 기계를 싣고 나르는 운송 기사와 창고 노동자는 포드 공장 조립라인에서 일하는 노동자만큼이나 전통적 '노동자' 상에 맞지만, 이들은 통계에서 서비스 부문 노동자로

■ **퀵핏** 영국의 자동차 수리 전문점 브랜드.

분류된다. [제조업 업무와 마찬가지로] 서비스 업무도 대형 마트 같은 일부 부문에서는 자동화되고 있다.

많은 서비스업과 제조업의 일자리 사이에서 근본적이거나 실질적 차이점을 찾기는 어렵다.

> 음식을 요리하고, 준비하고, 정리하고, 서빙하고, 설거지 등을 하는 레스토랑 노동자는 제조업 과정에 고용된 노동자와 마찬가지로 유형有形의 상품을 생산한다. 원칙적으로 말해, 레스토랑 산업과 '제조업'으로 분류되는 식품 가공 산업의 주된 차이점은 소비자가 테이블에 앉아 있는지 아닌지 정도다. 세탁소 노동자, 공공시설의 세탁·다림질 노동자, 자동차 정비소 노동자와 그 밖의 기계류 정비·수리 노동자는 많은 제조업 노동자와 같은 종류의 작업을 수행한다.[18]

서비스업은 자본주의 자체가 성장한 만큼 성장했다. 시장이 점점 더 많은 삶의 영역을 잠식하면서, 임금노동 영역 밖에서 이뤄지던 서비스가 이제 서비스업의 영역으로 들어갔다. 이전에 요리·청소·미용·보육은 모두 가정의 일반적 기능의 일부로서 가정을 중심으로 행해졌고 당연히 임금을 받지 않던 일이었다. 이런 일들은 이제 상품으로 변화돼 가정 밖에서 이뤄지는 임금노동이 됐다.

게다가 산업 생산이 증가하면서 이를 뒷받침하는 서비스업의 필요 또한 증가한다. 포드 공장 생산 라인에서 차를 제조하는 작업에는 모두 그와 연관된 서비스업 작업이 있기 마련이다. 변속기 같은 부품은 공장으로 운송돼야 한다. 완성된 자동차는 판매 전시관이나 항구로 운송돼야 한다. 이런 운송 작업이 없다면 생산된 상품은 무용지물이나 마찬가지다. 이런 작업이 없다면 앞서 말한 상품생산이 완료되지 않기 때문에 이런 직종을 제조업의 일부로 봐야 한다는 주장도 있다.

제조업이 아닌 많은 일, 예컨대 노동자를 출퇴근시키고 그들에게 식사를 제공하는 일, 상품 마케팅에서 매우 중요한 구실을 하는 영업이나 금융 관련 문서 작업 등이 제조업 생산을 유지하는 데 도움을 준다. 선진 자본주의 사회에서는 제조업과 관계가 훨씬 더 먼 일, 예컨대 교육이나 의료도 생산과정에서 필수적이라 할 수 있다. 자본주의는 읽고 쓸 줄 알고 잘 교육받고 건강하고 상대적으로 장수하는 노동력이 필요하다. 그래야 노동생산성을 높여 잉여가치를 최대한 쥐어짜 낼 수 있기 때문이다.

악명 높은 맥잡이나 대형 마트에서 선반에 물건 쌓는 일조차 생산과정이라는 맥락 속에서 봐야 한다. 교대 근무, '노동 유연성', 여성들의 노동시장 대거 진출 등은 드라이브 인 레스토랑, 연중무휴 상점 같은 '서비스 인프라'를 형성하는 데 도움이 됐다. 일과 육아를 병행하는 여성이 많아지면서 과거에 주부들이 오랜 시간을 들여 하던 음식이 값싼 테이크아웃 음식이나 전자레인지용 '3분 요리'로 대체되고 있다.

물론 여성이 가정 밖에서 일하는 것은 새로운 현상이 아니다. 19세기에 랭커셔 면공업 지구에는 일하는 여성들이 있었고, 당시에도 일하는 여성들과 그 가족의 필요에 맞춰 보모나 푸딩 상점 등이 생겨났다.[19] 1860년대에 작성된 보고서에 따르면 "매우 많은 여성이 직공에게 필요한 서비스를 제공하는 일만으로 생계비를 벌었다."[20] 이런 일이 오늘날의 서비스업과 다른 점은 당시에는 친구나 이웃을 통해 비공식적으로 주선되고 보수도 적었지만, 지금은 생산과정의 일부로서 조직된다는 점이다. 일반적으로 말해 이런 변화 속에서 서비스업 노동자는 19세기에 같은 일을 했던 노동자보다 더 쉽게 조직되고, 스스로를 노동자라고 생각하고 자신이 사장과 적대적 관계임을 알 가능성이 더 높다.

그런데도 많은 사람이 어쨌든 서비스직이 생산직보다 덜 '가치' 있다는 생각을 고집한다. 이런 생각은 전혀 근거가 없다. 각종 서비스업은 사회 전체에 유용하기도 하고(예컨대 보육), 자본에 유용하기도 하고(대형 마트 등이 상품을 판매하려면 내부 유통망이 있어야 한다), 자본가에게 높은 이윤을 얻게 해 주기도 한다(맥도날드는 세계 최대 회사 중 하나다). 대체 어떤 점에서 서비스업이 핵잠수함이나 바비 인형을 만드는 일보다 덜 '유용'하거나 덜 '실질적'이란 말인가?

아직도 500만 개에 이르는 제조업 일자리와 170만 개의 건설업 일자리, 32만 5000개의 에너지·수도 관련 일자리가 존재한다는 것도 기억해야 한다.[21]■ 어떤 기준으로 봐도 상당한 규모의 '옛 노동계급'이 존재하는 것이다. 전체 남성 노동자의 4분의 1은 제조업에 고용돼 있다. 이들은 대체로 거대한 사업장에 밀집해 있고, 아주 잘 조직돼 있다.

■ 2019년 영국의 제조업 일자리는 1990년대에 비해 줄었지만 여전히 302만 개이고, 건설업 일자리와 광업·에너지·수도 관련 일자리는 오히려 늘어서 각각 236만 개와 55만 개다 (ONS, 2020).

> 1993년에 500인 이상 제조업 사업장이 여전히 1000개가 넘었다. … 영국의 나머지 노동 부문에 비해 제조업 부문의 고용이 감소했지만, 제조업 피고용자의 사회적 중요성은 여전히 그 수효에 비해 크다(전체 국가 경제에서 차지하는 중요성이라는 면에서도 그렇고 전반적 노동쟁의 수준 면에서도 그렇다). 제조업 노동자는 생산 지점에서의 전략적 위치 때문에 여전히 막대한 힘을 발휘할 수 있는 잠재력을 갖고 있다.[22]

많은 서비스 노동자(예를 들어 운송 노동자)가 전통적으로 조직된 '옛 노동계급'에 속한다. 이들뿐 아니라 증가하고 있는

'새 노동계급'까지 함께 헤아린다면, 노동계급은 그 어느 때보다 더 크고 강력해진 셈이다.

오늘날 일은 어떤 형태인가?

노동 형태가 변화했고 우리가 알던 일자리가 빠르게 사라지고 있다는 주장을 최근에 흔히 듣는다. 기존의 남성 전일제 노동자가 유연 노동을 하는 새로운 노동자(흔히 여성)로 교체되고 있다고 한다. 점점 더 많은 사람이 기간제·임시직·시간제로 일하고, 운 좋게 정년을 보장받는다고 해도 연간 노동시간 [계약]에 따라 언제 몇 시간 일할지가 완전히 사장 마음이라는 것이다. 먹고살려면 임시직이라도 구하고, 할 수 있을 때 닥치는 대로 일하고, [필요하다면] 집에서라도 일해야 하는 게 대세인 양 말한다.

언론인들이나 학자들이 워낙 이런 소리를 자주 하다 보니, 이것이 마치 미래의 노동 형태인 것처럼 보인다(학자들은 재택근무를 하거나 프로젝트나 기간 계약에 따라 일할 가능성이 매우 높고 업무 나누기가■ 가능할 수 있다). 그러나 현실은 이와 다르다. 탄광업 같은 특정 산업 부문에서 전일제 일자리가 줄기는 했지만, 노동 형태의 변화는

■ **업무 나누기**(job sharing) 노동자 한 명이 하는 일을 여러 명(대체로 두 명)이 나눠 하는 방식의 유연 노동이다.

놀라울 정도로 미미하다. 또한 보수가 높고 고용이 안정된 '중심부' 노동자와 그들에게 서비스를 제공하는 박봉의 미숙련 임시직인 '주변부' 노동자 사이에 양극화가 심해지고 있다는 증거도 없다.

압도 다수의 노동자는 정년이 보장된 전일제로 일한다. 1995년 9월, 전체 고용 노동자 2190만 명 가운데 약 1570만 명이 전일제였다.[23] 거의 같은 시기에 임시직 노동자는 약 150만 명이었다(전년 대비 10퍼센트 증가했지만, 여전히 전체 고용 인구에서 낮은 비율이다).[24]■

유연 노동도 상당히 과장됐다. 1995년에 11.3퍼센트의 전일제 노동자와 8.5퍼센트의 시간제 노동자가 유연 근무를 선택했다.■■ [그러나] 압도 다수의 노동자가 선택할 수 있는 '유연 근무' 시간은 평일 오전 8시에서 오후 7시 사이이기 때문에 이름과 달리 그리 '유연'하지 않다. 여기서 말하는 유연함이란 출퇴근을 약간 일찍 하거나 늦게 하는 것, 점심 식사를 걸러서 한 시간을 '버는' 정도다. 결국 오전 9시에서 오후 5시를 중심축으로 돌아가는 것이다. 유연 근무를 선택한 노동자의 다수는 (흔한 생각과 달

■ 2017년 영국 전체 고용 노동자 2753만 명 가운데 전일제 노동자는 2009만 명, 임시직 노동자는 178만 명으로, 그 비율은 1990년대 중반과 큰 변화가 없다(ONS, 2018).

■■ 2009년에 유연 근무를 택한 전일제 노동자는 12.6퍼센트, 시간제 노동자는 9.9퍼센트로, 그 비율은 1990년대 중반과 큰 차이가 없다(*Social Trends*, ONS, 2010, p 51).

리) 전일제 노동자이고, 유연 근무가 가장 흔한 사업장도 전일제 노동자 비율이 높은 곳이다. "1994년 봄, 은행·금융·비즈니스 서비스업 종사자는 18퍼센트가 유연 근무를 선택한 반면, 유통·호텔·외식·수리업 종사자는 6퍼센트가 이를 선택했다."[25]

이 노동자들은 혼잡한 출퇴근 시간을 피하거나 아이의 하교시간에 퇴근하기 위해 유연 근무를 선호한다. 이들의 노동 형태는 통상적 근무시간에 일하는 노동자와 본질적으로 다르지 않다. 그 밖의 많은 '유연' 노동자도 마찬가지다. 예를 들어, 주 4.5일 일하는 노동자, 2주에 9일 일하는 노동자, 연간 노동시간으로 임금을 받는 노동자 등이 그렇다. 이 노동자의 다수는 전일제 노동자로 '통상적' 주 근무시간에 따라 일하고 금요일에 반나절을 쉰다(이는 특히 금속 공장에서 흔한 노동 형태인데, 1980년대 말 금속노조가 주 37시간 노동을 요구하며 활동했기 때문이다).

1995년 봄의 통계를 보면, 오직 0.1퍼센트의 전일제 노동자와 2.3퍼센트의 시간제 노동자가 업무 나누기에 참여했다.■ 업무 나누기가 미래의 노동 형태에 중요한 특징일 것이라는 예측과 달리, 극히 일부 노동자만 이에 호응한 것으로 보인다. 업무 나누기에 참여하는 여성 전일제 노동자가 매우 적은 유력한 이유는

■ 2009년 시간제 노동자 중에서 업무 나누기 형태로 일하고 있는 비율은 1.9퍼센트로 큰 변화가 없다(*Social Trends*, ONS, 2010, p 51).

낮은 임금이다. 임금이 충분히 높아야 업무 나누기를 할 여지가 생기기 때문이다(그래서 업무 나누기는 언론인이나 교수 같은 전문직에 한정되는 경향이 있다).

재택근무도 생각보다 일반적이지 않다. 재택근무를 하는 사람이 총 70만 명인데, 여기에는 농민, 개수임금노동자■ 등 다양한 집단이 포함된다. 재택근무자 가운데 약 40퍼센트는 육체노동을 하고, 16퍼센트는 사용자나 경영자다. 재택근무자의 무려 4분의 3이 자영업을 하거나 (프리랜서처럼) 독자적으로 일을 한다.[26] 컴퓨터 기술 덕분에 수백만 명의 노동자가 집에서 컴퓨터로 일할 것이라는 생각은 틀린 듯하다.■■

미래 동향 예측이 항상 정확한 것은 아니지만, 여러 예측은 하나같이 가까운 미래에 재택근무가 크게 늘지 않을 것이라고 지적한다. 영국 정부의 '노동인구조사LFS'를 바탕으로 노동시장 유연성을 연구한 보고서는 "향후 10년간 영국 노동자의 압도 다수는 정년이 보장된

■ **개수임금노동자** 노동시간에 관계없이 생산량에 따라 임금을 받는 노동자.

■■ 영국 노총이 보도한 기사에 따르면, 2015년 재택근무자 수는 약 400만명이다. 여기에는 농민, 사용자나 경영자, 자영업자 등 다양한 집단이 포함된다(TUC, 2015 6 5). 영국의 재택근무자 지원 기관 HWW에 따르면, 2013년 다수의 재택근무자가 바느질·포장·배달 등 육체노동을 하고 있다(HomeWorkers Worldwide, 2013). 그리고 2017년 재택근무자 중 사용자에게 고용된 노동자는 164만 명으로, 이는 전체 고용 노동자의 6.1퍼센트에 해당한다(TUC, 2018 5 18). 자영업자나 프리랜서 중에는 특수 고용 노동자처럼 실제로는 사용자에게 종속돼 일하지만 사업자나 자영업자로 분류되는 경우가 많다.

전일제 일자리에서 일할 것이고, 6퍼센트만이 임시직으로 고용될 것"이라고 결론 내렸다.[27] 또한 임시직 노동자가 향후 10년간 100만 명가량 늘어날 듯하지만, 전체 고용 인구에서 임시직 노동자의 비율이 급격하게 증가하지는 않을 것이라고 예측했다. 이 추세로 가면, 2005년 전일제 노동자의 비율은 여전히 79.2퍼센트 정도일 것이다(1990년대 중반 이 비율은 82.1퍼센트이고 1980년대 중반에는 83.9퍼센트였다).[28] 자영업자의 규모도 1990년대 중반 330만 명에서 2005년 360만 명으로 크게 변하지 않을 듯하다. 시간제 노동자의 비율은 오직 1퍼센트포인트가량 증가해 600만 명에서 670만 명으로 늘어날 것이다.[29]■

■ 2006년 영국 통계청에 따르면, 1998년에 전일제 노동자의 비율은 74.8퍼센트였고 2005년에 이 비율은 여전히 74.3퍼센트다. 자영업자 규모는 336만에서 363만 명으로 크게 변하지 않았다. 시간제 노동자 규모의 비율은 겨우 0.5퍼센트포인트 증가해 583만 명에서 638만 명으로 늘어났다.(이 책의 통계와는 조사 기관과 방법이 다르다. *Labour Market Trends*, ONS, 2006 11, p s24.)

이는 고용 인구와 노동계급의 핵심적 특성은 전혀 변하지 않았고, 흔히 예측되던 유연 노동의 모습과는 거리가 멀다는 점을 보여 준다.

여성 노동자

20세기에 노동계급에게 일어난 가장 분명한 변화는 바로 여성 노동자의 증가다. 많은 '옛' 산업에는 여성 노동자가 드물었지만, 오늘날 여성 노동자는 계속해서 노동력을 끌어들이고 있는 다양한 산업 분야에서 다수를 차지하고 있다. 이것은 여성의 실업률이 남성의 실업률보다 훨씬 낮은 이유를 부분적으로 설명한다(1994년 여성의 실업률은 7.2퍼센트였고, 남성은 11.4퍼센트였다).[30] 대다수 영역에서 새로 생기는 일자리는 '여성의 일자리'일 가능성이 높다. 1994년 영국의 전체 노동자 가운데 여성은 50퍼센트가 조금 안 되는데 1971년에는 이 비율이 38퍼센트였다.[31]

이런 변화는 여성의 노동시장 진출이라는 측면에서 진정한 전진이다. 그러나 많은 평론가는 이를 노동계급의 구성이 퇴보한 것이라고 본다. 이런 태도의 원인은 노골적인 남성 우월주의(여성은 절대로 남성 노동자처럼 단단하게 조직될 수 없다고 본다)부터 여성의 일자리는 '진짜' 일자리가 아니라는 흔한 편견까지 다양하다. 여성 노동자는 어쨌든 화이트칼라 서비스직이고 다수가 시간제 노동자라는 것이다. 이런 이유로 여성 노동자가 남성 노동자와 같지 않다는 것은 근거 없는 믿음에 불과하다. 각각의 주장을 차례로 살펴보자.

시간제 노동자

여성 노동자를 빼놓고 시간제 노동의 증가를 논할 수는 없다. 시간제 노동자의 대다수는 여성이고, 이들의 압도 다수가 어머니이자 아내다. 여성은 가정생활, 특히 자녀 양육에 맞춰 일자리를 구한다. 오늘날[1990년대] 시간제 일자리는 영국 전체 일자리의 약 25퍼센트이고, 여성이 시간제 노동자의 약 85퍼센트를 차지한다.[32]

여성이 양육 책임을 짊어진 탓에 시간제 일자리에서 일하는 여성은 언제나 있었지만, 영국에서 본격적으로 여성 시간제 일자리가 증가한 것은 1950년대와 1960년대부터였다. 이는 전후 호황의 결과였다. 수많은 이주 노동자와 더불어 여성들이 (결혼을 하고 아이가 있어도) 임금노동 시장으로 빨려 들어갔다. 그러나 국가가 양육의 짐을 부담하길 원치 않았기 때문에 시간제 일자리가 적합했던 것이다. 이런 일자리는 여성이 기초적 양육을 책임지면서 병행할 수 있어 국가 지출을 최소화할 수 있었다. 노동자들에게도 시간제 일자리는 그럭저럭 괜찮았다. 당시에는 완전고용 상태로 일자리가 안정적이고 임금과 생활수준이 꾸준히 오르고 있었기 때문이다. 시간제 노동자의 임금은 흔히 가족의 주요 소득이 아니라 부수적 소득이었다. 1951년에 이미 기혼 여성의 20퍼센트가 임금노동자였고, 1980년대에는 이 수치가 50퍼센트를 넘었다.[33]

시간제 노동자는 여전히 많다. 그런데 1980년대에 시간제 일자리는 남성 노동자 집단에서 훨씬 더 빠른 비율로 증가했다(남성 시간제 노동자는 1984년에 50만 명이 조금 넘었는데 1994

년에는 100만 명에 근접했다).[34] 같은 기간 여성 시간제 노동자는 540만 명에서 610만 명으로, 훨씬 더 낮은 비율로 증가했다. 1984~1994년에 남성 전일제 노동자는 감소했지만, 여성 전일제 노동자는 13퍼센트 증가했다.[35] 전일제 노동자의 상당수가 자녀가 있는 여성이다. 1980년대까지는 출산 후 거의 모든 여성이 선택의 기회가 있어도 시간제 일자리를 택했다(출산 전에 전일제로 일했던 여성도 그런 경향이 있었다). 그러나 1990년대에는 상대적으로 짧은 출산휴가를 보낸 후 전일제 일자리로 돌아가는 여성이 훨씬 많아졌다.

> 1940년대 말에 첫 자녀를 낳은 여성 중 오직 5퍼센트만이 출산 후 6개월 내에 전일제 노동을 다시 시작했다. 1970년대 말에 이 비율은 약간 더 높았다. … 그러나 1980년대 말에는 전일제로 일하던 여성이 출산 후 전일제와 시간제로 일하는 비율이 반반이었다. 1979년 이후에는 … 출산 후 9개월 내에 재취업하는 비율이 25퍼센트에서 45퍼센트로 증가했다. 더 눈에 띄는 점은 이 가운데 전일제 비율이 시간제 비율보다 훨씬 빠르게 증가했다는 것이다.[36]

이런 경향은 이제 많은 여성이 자녀가 있건 없건 정년이 보장된 전일제 일자리를 선호한다는 것을 보여 준다. 이런 변화를 보여 주는 다른 신호도 있다. 고등교육을 받거나 전문 자격증을 따는 여성의 증가가 그런 것이다. 여성 노동자의 이미지, 즉 주변부 시간제 노동자이고 자신의 일에 헌신적이지 않다는 이미지는 점점 더 현실과 동떨어지고 있다. 사실 이것은 많은 시간제 여성 노동자에게도 맞지 않는 소리다.

일하는 여성은 흔히 전일제로 일한다. 여성의 약 58퍼센트가 주당 30시간 이상 일한다. 그러나 시간제 노동자 사이에서도 일하는 시간, 업무 집중도 등은 크게 다르다. 예컨대, 여성 사무직 노동자 170만 명 중에 50만 명이 시간제 노동자다.[37] 그러나 이들은 정년을 보장받았을 가능성이 있고, 일하는 시간이 적다는 것을 제외하면 스스로를 전일제 노동자와 똑같다고 여길 수 있다. 개인 서비스업이나 상점에서 일하는 노동자는 직장에 대한 소속감이 덜한 편이다(이 분야에서 일하는 여성은 대부분 시간제 노동자이고, 미숙련 저임금 노동을 하는 경우가 훨씬 더 많다). 그러나 이런 분야의 노동자에게도 직장에 대한 소속감을 가지라는 압력이 가해진다.

매과이어 식료품점의 스윈던 지점 두 곳에서 일하는 노동자들을 대상으로 진행된 연구는 사용자들이 어떤 가정을 하고 있는지 보여 준다. "[사용자들은] 노동력 공급이 안정적이기를 기대한다. 모든 직원과 근로계약을 맺는다. 토요일 오후 주차장에서 카트를 미는 아르바이트 학생조차 계약관계로 묶어 두려 한다. … 변화하는 고객 수요에 맞춰서 노동력을 '가동'하려면, 높은 신뢰도, 낮은 결근율, 근무시간 엄수가 전제돼야 하기 때문이다."[38] 이 점은 시간제 일자리에 대한 또 다른 기초적 사실을 뒷받침한다. 즉, 전일제 노동자와 함께 일하고 어느 정도의 숙련이 요구되고 고용이 지속적인 작업장이라면, 시간제 노동자도 (대체로 전일제 노동자보다 조직력이 약하고 임금도 적지만) 전일제 노동자와 비슷한 방식으로 대응할 수 있다는 점이다. 노동조합 가입 문제에서도 마찬가지다. 노동조합이 없는 작은 사업장이나 노동자 스스로가 거쳐 가는 직장이라고 생각하는 곳에서는 반대 현상이 두드러진다.[39]

화이트칼라 노동자

전체 여성 노동자의 4분의 1이 사무직과 비서직이다. 화이트칼라 일자리는 서비스 직종의 성장과 함께 증가해 왔다. 물론 많은 서비스 직종은 육체노동이다. 또한 상당수의 화이트칼라 일자리가 제조업 부문에 있다. 그러나 사무직과 비서직에서 일하는 이 여성 노동자들과 다른 화이트칼라 일자리(의료·교육·복지 관련 일자리와 일부 영업직)에서 일하는 여성을 합하면, 그 수는 엄청날 것이다.

20세기에 화이트칼라 일자리의 증가는 두 가지 변화와 함께 일어났다. 첫째, 고용 인구에서 여성의 비율이 커진 것이다. 이것은 화이트칼라 일자리가 저평가되고 상대적 저임금 노동이 되는 경향을 낳았다. 둘째, 화이트칼라 일자리 자체의 위상이 낮아진 것이다. 빅토리아시대 하층 중간계급 남성이 하던 일을 지금은 대체로 노동계급 여성이 한다.

19세기의 사무직은 여러 측면에서 오늘날의 관리직과 더 비슷했다. 방적 공장을 소유한 아크라이트 가문은 "1801~1804년에 단 3명의 사무원을 고용해 노동자 1063명을 감독했다."[40] 런던 중심가가 배경인 유명한 소설에 등장하는 사무원(디킨스의 소설 《크리스마스 캐럴》의 밥 크래칫이나 《어느 평범한 사람의 일기》의 찰스 푸터)이 딱히 쾌적한 삶을 살지는 않았지만, 육체노동을 하던 노동계급의 삶과는 상당히 달랐기 때문에 노동계급은 이들에게 거리감을 느꼈다. 가장인 남성 사무원은 벌이가 좋아서 꽤 괜찮은 교외에 살면서 다른 사무직 동료와 어울렸고, 자신의 직업이 전망이 밝고 위상이 높다고 생각했다. 해리 브레이버먼의■ 주장에 따르면, 19세기에 "사무원은 지위는 말할 것도 없고, 기능, 권위, 보수, 고용 기간(사무직은 일반적으로 종신직이었다), 전망은 물론 심지어 옷차림도 공장 노동자보다는 사용자에 훨씬 가까웠다."[41]

오늘날에는 절대 이렇게 말할 수 없

■ **해리 브레이버먼** 미국의 마르크스주의 정치경제학자. 잘 알려진 저서로 *Labor and Monopoly Capital*(1974)[국역: 《노동과 독점자본》, 까치, 1998]이 있다.

을 것이다. 적어도 보통의 하급 사무원의 경우에는 말이다. 한때 사무직을 육체노동보다 상대적으로 편하게 만들었던 이점은 약화돼 왔다. 사무실은 이제 점점 커졌고, 개인 업무 공간은 아예 없거나 있어도 칸막이 몇 개로 분리될 뿐이다. 상점과 편의 시설이 많은 도심부에서 일하는 혜택도 점점 사라졌다. 많은 회사의 본사는 여전히 '좋은' 지역에 있지만, 특정 업무를 맡은 부서는 임금이 낮은 지역이나 '신규 개발 지역'으로 옮겨 갔다. 예컨대, 이제 신용카드 거래 처리 같은 업무는 통째로 노샘프턴이나 사우스엔드 같은 소도시에서 처리된다. 사무실 자체도 갈수록 기계에 의존하고, 비싼 기술을 도입해 사무실 내의 작업 속도와 형태가 모두 바뀌고 있다. 컴퓨터 기술이 노동자의 작업을 기록하고 점차 작업 속도에 영향을 미치면서 숨은 관리자 구실을 할 수 있다. 비싼 기계에 투자한 사용자는 투자금을 뽑아내려고 교대 근무를 도입하고, 그 결과 문서 처리 기사와 복사 기사는 야간 근무를 더 자주 하게 된다. 사무직 노동은 점점 더 육체노동을 닮아 가고 있다. 사무직 노동자도 자신에게 주어진 기계를 사용하려면 여러 단순한 작업들을 익혀야 한다.

이와 함께 업무 관행도 변한다. 관리자의 통제가 엄격해지고 노동강도가 높아지고 위로부터의 통제(더 엄격한 시간 통제나 성과급 도입 등)가 강화되는 것이다. 업무 과정의 이런 전반적 변화는 사무직 노동자의 소위 '프롤레타리아화'로 이어진다. 사무직 노동자의 지위는 육체 노동자와 비슷해지고, 사고방식도 점점 닮아 간다.

임금 수준을 봐도 보통의 사무직 노동자는 확실히 노동계급의 일부다. 일찍이 1974년에 브레이버먼은 미국의 "전일제 사무직 노동자의 통상 주급 중위값은 모든 종류의 소위 블루칼라 노동자의 주급 중위값보다 낮다"고 지적했다.[42] 안내 데스크에서 일하는 사무직 노동자는 사무직 중에 임금이 가장 낮아 주당 총 182파운드(세금과 보험료를 제하기 전 금액)를 받는데, 이는 청소 노동자와 경비 노동자의 중간이다. 간호사 같은 화이트칼라 '전문직'도 주당 총수입이 316파운드밖에 되지 않았다. 1994년 모든 [전일제] 여성 노동자의 총수입 중위값은 주당 200파운드를 겨우 넘는다.[43] 대다수 여성 사무직 노동자의 수입은 이 수준이거나 더 낮다.

화이트칼라 노동자도 점점 프롤레타리아화하고 있고 그에 따라 노조에 가입하고 때때로 파업에 나서기도 한다. 제2차세계대전 이후 노동조합의 주요 특징 하나는 화이트칼라 노동조합이 상당히 성장했다는 것이다. 오늘날 제조업·과학·금융노조MSF,■ 공공서비스노조Unison, 공무원노조CPSA[현 PCS] 등은 육체 노동자의 노동조합만큼 크고 잘 조직돼 있다. 1995년에 행정·방위·교육·의료·사회복지 부

■ **제조업·과학·금융노조** 통합기계공전자노조(AEEU), 운수일반노조(TGWU)와 병합돼 현재 유나이트(Unite)노조로 통합됐다.

문의 노동자는 운송과 통신을 뺀 다른 어떤 단일 산업 부문보다 조업 중단을 많이 했다.[44] 가장 큰 단일 노동조합은 공공서비스노조로 조합원 수는 150만 명이 넘고, 그중 많은 수가 사무직이나 유관 직종에서 일한다. 1993년에 전문직의 45퍼센트, 준전문직·기술직의 43퍼센트, 사무직·비서직의 27퍼센트가 노동조합에 가입한 상태였다. 플랜트·기계 직공의 40퍼센트가 노동조합에 가입한[45] 것과 비교해 봐도 화이트칼라 노동자가 육체 노동자보다 노동조합에 덜 가입한다는 것은 사실이 아님을 알 수 있다.[46]

기술

자본주의의 가장 괴상한 특성 중 하나는 많은 노동자의 노동 능력과 기술을 파괴하는 방식이다. 평생 기술을 연마한 공예가가 거의 밀려나고 수공예는 기계에 의존한 생산방식으로 교체됐다.

노샘프턴 신발 공장에서 모로코 가죽을 무두질하던 노동자의 이야기를 들어 보자.

> 직장 생활 마지막 2년 동안에는 부업으로 더 많은 돈을 벌었어요. 직장 일을 하는 일분일초가 끔찍했습니다. 작업복을 벗고

퇴직할 때 기뻤어요. 저는 분무 기계를 다뤘는데, 그 기계는 송아지, 물소 새끼, 염소 등 온갖 동물의 가죽에 약품을 분무했어요. 마침내 미국에서 새 기계가 들어왔는데, 새 기계는 1시간 동안 수천 피트의 가죽에 약품을 분무할 수 있었어요. 제가 하면 1주일은 걸리는데 말이죠. … 할아버지는 당신이 어떻게 가죽을 손질했는지 말씀해 주셨는데, 이제 그런 일은 외국에서 대부분 수입한 기계로 수백 배의 속도로 해치워 버리죠.[47]

이런 진술은 옛날에는 가치 있던 직업이 지금은 그렇지 않게 됐다는 생각을 압축적으로 보여 주는 듯하다. 적어도 옛날에는 사람들이 직접 손으로 유형의 결과물을 생산하는 일을 했다는 것이다. 그러나 이런 수공업적 생산을 섣불리 자본주의의 좋은 시절을 대표하는 것으로 여겨선 안 된다. 옛 기술이 파괴되는 일은 자본주의만큼이나 오래된 현상이다. 심지어 1880년대와 1890년대에조차 그랬다. 영국에서는 경제 침체와 산업 구조조정의 영향으로 "기계를 다루는 새로운 반숙련 노동자가 등장해 기존 노조의 배타성을 위협했다. … 산업 형태가 점진적으로 변하면서 처음으로 '반숙련' 노동자가 생산과정의 중요한 고리로 떠올랐다."[48]

자본주의가 발전하면서 노동자의 '탈숙련화'가 고도로 진행된다. 자본가가 노동자 수십 명 몫을 하는 새 기계에 투자하면서,

앞서 가죽 노동자가 묘사한 과정이 대세가 됐다. 대량생산 기술의 발전으로 옛 기술은 불필요해졌고, 임금에 투자할 가치도 없어졌다. 마르크스는 《자본론》 1권에서 다음과 같이 주장했다.

> 노동자가 노동조건을■ 사용하는 게 아니라 노동조건이 노동자를 부린다. … 생산과정에서 지적 요소를 육체노동과 분리해 노동에 대한 자본의 지배력으로 전환하는 과정은 … 기계의 토대 위에 세워진 대공업을 통해서 비로소 완성된다. 기계를 취급하는 개별 노동자의 특수한 기술은 기계 체계에 체현돼 있는 과학, 거대한 물리력, 사회적 집단 노동 앞에서 무의미해지고, 이 세 가지 힘은 기계 체계와 함께 '사용자'의 지배력을 구성한다.[49]

■ 여기서 말하는 노동조건은 임금, 노동시간뿐 아니라 노동도구, 기계 등 노동과정에 쓰이는 수단 전반을 뜻한다.

자본주의가 발전하고 손으로 하던 작업을 기계로 대체할 수 있게 되면서, 자본주의는 노동자를 탈숙련화하는 일반적 경향을 보였다. 또한 기계는 여러 숙련 노동자 간의 분업을 허물어뜨렸다. 이것은 여러 숙련 노동자가 하던 작업을 이제는 '미숙련'·반숙련 노동자 한 명이 처리할 수 있게 됐다는 뜻이었다. 그러나 많은 수공업 일은 전형적인 자본주의적 생산이 아니라 가령 부유층용 사치품에 국한돼 있어 많은 기법이 자본주의 이전의 생산이나 장인 생산과 오히려 유사하다는 점을 잊지 않는 게 좋겠다.

더 나아가 자본주의는 개별 노동자의 기술을 쓸모없게 만드는 동시에 새 기술이 필요한 새 산업을 발전시켜 왔다. 사실 자본주의가 발전하면서 사회 전체의 일반적 기술 수준(읽고 쓰고 계산하는 능력 등)은 올라간다고 할 수 있다. 선진 자본주의 사회에서의 교육 효과로 전체 노동인구는 어느 정도의 기술 수준을 배워서 복잡한 기계를 다루거나 글로 된 설명서나 지시를 이해할 수 있게 된다. 그래서 개별 노동자의 특정한 기술 수준은 감소하지만 (그리고 많은 '숙련직'이 사라지지만), 노동계급 대중의 일반적 기술 수준은 올라간다.

숙련노동에 대한 흔한 정의 자체를 유의해서 봐야 한다. 이런 정의에는 무엇이 '숙련'에 해당하는지에 대한 여러 가치판단이 깔려 있다. 오늘날 미숙련노동으로 분류되는 매우 많은 일에는 일정한 학습·훈련·기술이 필요하다. 예컨대, 슈퍼마켓 계산대, 대다수 사무직, 창고관리 일에는 모두 일정한 수준의 컴퓨터 활용 기술이 필요하다. 교육과 의료는 둘 다 높은 수준의 기술이 필요한 부문이다(그 기술이 도구를 제작하는 종류의 기술은 아닐지라도 말이다). 시내 중심가 복사 가게의 일은 인쇄소에서 일반적으로 하는 일과 본질에서 다르지 않다. 복사 가게에서 일했던 한 여성은 다음과 같이 말했다.

복사 가게에서 내놓은 시간제 일자리 광고를 봤어요. 그냥 상점에서 일하는 거랑 똑같다고 했지만 현실은 전혀 그렇지 않았어요. 이건 단순한 상점 직원 일이 아니었어요. 계산도 빨라야 하고 인쇄 업무와 세부적 인쇄 방식에 대해서 고객과 대화할 수 있어야 했어요.[50]

숙련노동 직종에서는 흔히 매우 협소한 사업장 조직이 형성됐다. 숙련 노동자들이 때때로 체제에 맞선 운동을 건설한 것은 사실이다. 제1차세계대전 당시 셰필드와 글래스고의 금속 노동자 투쟁이 그런 사례다. 그러나 19세기 말에 숙련 노동자들은 노동조합을 이용해 다른 노동자들을 배제하는 경우가 꽤 많았다.[51] 오늘날에도 인쇄 같은 부문에서는 '숙련' 노동자와 '미숙련' 노동자가 분열해 노동조합이 심각하게 약화됐고, 이것은 사용자에게 이득이 됐다. [반숙련·미숙련 노동자 노조인] 통합인쇄노조SOGAT 산하 머지사이드주州 벰로즈 공장의 현장위원은 1980년대 초 숙련 노동자 노조인 전국인쇄노조NGA 조합원들이 임금격차 유지를 무엇보다 중시하던 상황을 다음과 같이 묘사했다.

전국인쇄노조 조합원은 약 1만 2000파운드를 받고, 석판·조판공노조SLADE 조합원은 약 1만 6000파운드를 받는데도 전국인

> 쇄노조 조합원은 만족해했다. 통합인쇄노조 조합원보다는 많이 받았기 때문이다. 이 편협한 자들은 우리가 관리자에 맞서 싸우는 것보다 우리 임금이 깎이는 걸 좋아할 것이다.[52]

숙련노동이 과거에나 있던 것이라는 생각은 숙련노동에 대한 잘못된 정의에 기초한 것이다. 사람들은 이런 잘못된 정의에 기초해 흔히 항만·광원 노동자를 '숙련' 노동자로 생각하지만 이들은 대체로 미숙련 노동자로 분류된다. 이런 착각을 하는 주된 원인은 '숙련' 노동자와 '잘 조직된' 노동자를 동일시하기 때문이다. 육체 노동자가 화이트칼라 노동자보다 전투적이라고 가정하는 것처럼 말이다. 오늘날 많은 노동자가 특정 시기의 항만·광원 노동자보다 잘 조직되지 못한 건 사실이다(항만·광원 노동자도 항상 잘 조직됐던 건 아니다). 그러나 항만·광원 노동자의 조직이 성장한 주된 요인은 이들이 다른 노동자들에게 없는 기술을 가졌기 때문이 아니었다. 투쟁을 통해 스스로 조직하고, 이를 통해 사용자와의 교섭에서 유리한 위치를 차지했기 때문이었다.

소득과 라이프스타일

아마도 노동계급이 쇠퇴했다는 주장의 가장 흔한 버전은, 화이트칼라 노동자들 스스로 자신을 노동자라고 생각하지 않는 경향이 있다는 것이다. 그들의 객관적 지위가 무엇이든 간에 소득과 라이프스타일을 기준으로 그렇게 생각한다는 것이다. 노동자는 [자본에] 매수돼 다수가 사실상 중간계급의 일부가 됐고, 불운한 '언더클래스'가 보조금에 의존하며 (남들은 다 누리는) 소비사회의 장점을 못 누린 채 살도록 외면한다는 것이다.

그러나 현실에서 대다수 사람이 더 흔히 하는 경험은 빚을 지고 불안과 가난에 시달리는 것이다. 압도 다수는 적은 임금을 받는다. 인구의 하위 50퍼센트는 주당 200파운드도 못 번다.■ 오직 130만 명만 주당 700파운드 이상을 벌고, 상위 10퍼센트만 주당 400파운드 이상을 번다.[53] 계급에 관한 어떤 책은 다음과 같이 썼다. "피고용인 가운데 고작 5명 중 1명이 1년에 2만 파운드 이상을 번다(이 마저도 세금 공제 전 금액이다). … 5명 중 2명(대략 1000만 명)이 실수령액으로 1만~2만 파운드를 받고, 5명 중 3명이 7500~2만 파운드를 받는다."[54] 이것은 영국이 풍족한 3분의 2와 궁핍한 3분의 1로 구성된 사회라는 흔한 주장(특히 노동당 지도부가 즐겨한다)이 사실이 아님을 보여 준다. 오히려 현실은 매우 풍족한 소수와, 미래에 대한 불안

■ 1999년 영국 최저임금이 시간당 3.6파운드로 주급으로 계산하면 144파운드였고, 1990년대 초 영국의 일주일 집세가 평균 61파운드였음을 고려하면, 인구 하위 50퍼센트의 소득 수준이 매우 낮음을 알 수 있다 (House of Commons Library, 1998).

과 돈 걱정에 시달리고 빈곤한 노후를 보내지 않으려고 갈수록 소득의 많은 부분을 연금 등에 지출하는 다수(대략 80퍼센트)로 나뉜다.

위의 소득 분포를 보면, 사회의 양극단에는 각각 엄청난 부자와 가진 게 없는 '언더클래스'가 있고 그 사이에 자신의 삶에 만족하는 다수의 '중간계급'이 있다는 주장 또한 거짓임을 알 수 있다. 분명 양극단의 한쪽에는 엄청난 부자들이 존재한다. 그러나 매우 가난한 사람들은 대부분 노동계급이다. '형편이 괜찮은' 노동자와 '가난한' 노동자 사이에 큰 차이는 없다(사실 이들은 같은 가족이나 사회 계급에 속하는 경우가 많다). 많은 노동자가 실업자와 연금 수급자의 처지를 이해하고 안쓰럽게 생각하는 이유는 자신의 소득이 매우 불안정하고 자신의 사회적 지위가 쉽게 하락할 수 있음을 알고 있기 때문이다.

바로 이런 불안감 때문에 사람들은 복지 수당에 대해서 [영국 우파 일간지] 〈선〉의 사설이나 보수당 전당대회에 울려 퍼지는 연설 내용보다 훨씬 더 진보적인 태도를 보인다. 1993년 여론조사를 보면, "사회보장 급여를 받는 사람들을 이등 시민 취급하는 사회적 분위기가 있다"는 데 55퍼센트가 동의했고, 22퍼센트만 동의하지 않았다. "세금이 오르더라도 가난한 사람들을 위한 정부 지출이 더 많아져야 한다"는 데 53퍼센트가 동의했고, 20퍼센트만 반대했다. "이렇게 후한 복지 혜택이 없어야 사람들

이 자립하는 법을 배울 것"이라는 데는 단 25퍼센트만 동의한 반면, 52퍼센트가 반대했다.[55]

'언더클래스'는 존재하는가?

'언더클래스'에 대한 이야기를 듣다 보면 어떤 사회상이 선명하게 떠오른다. 자신의 삶에 만족하며 부를 쌓아 가는 다수가, 공동체 안팎에서 늘어나는 일단의 무리 때문에 위협을 느끼는 사회 말이다. 이런 사회에서 다수는 쾌적한 교외에 살고 자신과 자녀의 삶의 질을 높이기 위해 많은 시간과 돈을 투자하고 열심히 일하고 노력한 대가로 번창하는 반면, 소수는 다른 동기에 따라 행동한다.[56]

이 소수 사람들은 허물어져 가는 공영주택 단지에 살고 장기 실업자이거나 복지 수당으로 살아간다. 이들의 자녀는 교육체계의 '낙오자'이고, 학교를 나와도 특별한 능력이 없어서 실업자가 되거나 저임금 일자리에서 일하기 십상이다. 이들의 다수가 그 대안으로 범죄에 눈을 돌리고, 그 결과 공영주택 단지는 차량 절도, 빈집털이, '강도질' 같은 범죄의 온상이 된다.

'언더클래스'에 대한 공포는 이제 신문·라디오·텔레비전·영화에서도 만연할 정도다. '가지지 못한 자'의 접근을 막고 '가진 자'의 라이프스타일을 보호하려면 아파트와 주택에 보안장치를 달고 울타리를 치고 심지어 경비원이나 민간경찰을■ 고용하는 게 필수처럼 여겨지는 추세가 강화되고 있다(특히 미국에서 그렇다). 이런 사회적 양극화를 보며 한 경제부 기자는 다음과 같이 썼다.

> 결국에는 영국 자본주의도 미국을 닮아 갈 것이다. 우리는 스스로를 사회 구성원의 일부가 아니라 최선을 다해 자립해야 하는 한낱 개인으로 여기게 될 것이다. 뒤처진 자는 나락으로 떨어질 것이다.
> 가난한 사람이 한층 더 많아지는데도 사회적 안전망을 제공하려 하지 않을 것이다. 대신 우리는 경보기를 사서 집과 차에 달고 도난 방지용 라디오를 사고 집 주변에 울타리를 칠 것이다. 우리는 더 많이 벌겠지만 사회가 더 따뜻하고 덜 이기적이던 이전만큼 안전함을 느끼려면 더 많은 비용을 써야 할 것이다. 우리는 야간 경비원이 지키는 베드타운에서 출발해 '언더클래스'가 사는 빈민가를 거쳐 보안 코드를 입력해야 들어갈 수 있는 건물로 출근할 것이다. 우리는 세상일에 눈을 감고 부자가 되려 한다. 그 대가가 무엇이건 간에 말이다.[57]

'언더클래스'가 실제로 존재하는지 아니면 기자와 카피라이

■ **민간경찰** 정부가 자신의 업무를 민간에 넘겨 비정부 기관이 운영하는 경찰력. 현재 미국의 민간경찰은 연방·주 정부의 경찰보다 많다.

터의 과도한 상상력의 산물인지 따져 보기 전에, 이 개념에 깔려 있는 정치를 잠시 고찰해 보는 게 좋겠다. 우선 이런 개념은 섬뜩하리만치 과거와 닮아 있다. '언더클래스'론은 빅토리아 시대 중간계급[부르주아지]에게서 전해져 내려온 것일 수 있다. 그들도 '수렁 속에서 사는 사람들'을 두려워했고, 도시 빈민가를 기피했고, 가난한 사람들을 거의 사람으로 취급하지도 않았다. 무엇보다 가난한 사람은 게으르고 멍청하거나 어딘가 문제가 있기 때문에 가난한 것이라 생각했다. 그래서 가난한 이들을 구원한답시고 사회가 나서서 강제로 일을 시켰다. 이것이 바로 19세기 구빈원을 만든 구빈법의 배경이 되는 철학이었다. 미국의 구빈원은 필요한 일거리가 없어도 "노는 사람이 없도록 쓸데없는 일"이라도 시켰다. 한 목격자에 따르면, "일단의 남자들이 마당 한구석에 쌓인 장작을 다른 구석으로 옮겨 쌓은 후 다시 모든 장작을 원래 자리로 가져가 쌓았다."[58]

미국의 [공화당 정치인] 뉴트 깅그리치가 '범죄자'를 욕하는 발언이나 영국의 [보수당 정치인] 존 레드우드가 복지 수당을 받는 미혼모를 공격하는 발언을 듣다 보면, 가난한 사람을 지원받을 '자격'이 있는 사람과 없는 사람으로 구분했던 자신들의 조상과 본질에서 아무런 차이도 없음을 알 수 있다. "극우파가 말하는 '언더클래스'란 무질서하고 위험한 라이프스타일을 가진 인구의 특정 부분인데, 이들이 중요하게 여기는 것은 그 정확한 규모가 아니라 '언더클래스'가 본보기로 보여 주는 삶의 방식이 전염병처럼 퍼질 수 있다는 점이다. 극우파는 물질적 빈곤을 인정할 때조차 개인이 자초한 것이라고 말한다."[59]

'언더클래스'는 돈을 현명하게 사용하지 않고, 술·복권·담배·영화 등에 낭비하기 때문에 고통받는다는 식으로 묘사된다. 애초에 이들이 돈이 없는 이유는 아예 일하길 거부하기 때문이거나 교육체계의 장점을 활용할 의사가 없어서 일자리를 구하는 데 필요한 자격을 거의 또는 아예 갖추지 못했기 때문이라는 것이다. 게다가 이들이 (흔히 결혼도 하지 않고) 아이를 계속 낳아서 더 가난해진다는 것이다.

이런 생각이 극우파의 머릿속에 퍼져 있고 극우파 정치 강령의 주요 골자다. 이들이 보기에 문제는 시장 체제가 아니라 개인에게 있다. 그러나 이런 관점은 여러 자유주의자와 심지어 '좌파적' 견해에도 스며들어 있다. 이들은 먼저 '언더클래스'에 대한 강한 연민을 내보이지만, 애초 빈곤과 고통을 초래한 자들보다 이 사회의 피해자들을 비난하는 경향도 보인다. 예컨대, 토니 블레어가 이끄는 신노동당은■ 노동계급을 '미숙련자'라 칭하며, 범죄·가난·실업이 (더 전반적인 사회적 위기의 일부가 아니라) 적어도 부분적으로는 개인의 탓이라는 관점을 수용한다. 특히 일부 좌파가 두려워하

■ **신노동당** 신자유주의를 적극 받아들인 1994~2010년의 영국 노동당을 일컫는 말.

는 대상은 젊은 남성이다. 많은 젊은 남성이 실업 상태이고, 이 집단은 범죄에 연루되고(범죄 대상도 대개 젊은 남성이다) 퇴학 당하고 무단 결석할 가능성이 가장 높다. 일부 저술가는 젊은 남성을 가장 심각한 사회적 문제라고 보는데, 그 이유는 실업이 그들의 남성성을 위협하기 때문이라는 것이다.

'언더클래스'와 관련한 이론들에 나타나는 공포·혐오·무지를 보면, 이런 이론들이 이성적 논의라기보다 맹목적 편견에 가깝다는 것을 알 수 있다. 이 중 우파적 이론에는 인종차별적 요소도 강하다. 우파들은 도시 빈민가에 살거나 한부모 가정 문제 등을 겪는 사람 중에 흑인이 불비례적으로 많다는 것을 빌미 삼는다.

그러나 이런 이론에서 말하는 '언더클래스'는 본래 노동계급의 일부분을 이룬다는 사실을 잊지 말아야 한다. 예컨대, '언더클래스' 이론은 실업자나 노숙자가 된 노동자와 그 밖의 많은 노동자를 '언더클래스'로 분류한다. 나이, 싱글맘, 공공 임대주택, 범죄 기록, 심지어 저임금을 기준으로 수백만 명을 '언더클래스'로 몰아간다. J K 갤브레이스가 지적하듯이, 소위 '언더클래스'의 다수는 임금은 낮지만 필수적인 직종에 종사한다. "'언더클래스'는 경제를 움직이는 데 꼭 필요한 일부이고 … [이들의 노동은] 더 특혜받은 집단의 생활수준을 높이고 안락함을 제공한다."[60]

'언더클래스'에 속하는 사람은 절대 소수가 아니다. 저임금 노동자는 빈곤층의 가장 큰 구성원이다. 1994년에 전일제로 일하는 성인 10명 중 4명은 유럽회의가 정한 '생활임금'보다 소득이 낮았다.[61]

영국에서 빈곤층으로 분류되는 1390만 명 중에 460만 명은 근로소득이 있다. 자영업자를 제외하더라도 320만 명은 임금노동자다. 나머지 중에 360만 명은 60세 이상 노인이고, 280만 명은 실업자다.[62]

따라서 빈곤층의 가장 큰 집단은 현재 일하는 사람(당연히 노동계급의 일부)이거나 연금 수급자와 실직한 노동자다. 나이를 먹으면 계급이 바뀐다고 믿는 게 아니라면, 연금 수급자는 더는 일할 수 없어서 자본가에게 쓸모없어진 노동자라는 점을 받아들여야 한다.

실업자나 복지 수당으로 사는 사람도 마찬가지다. 대다수 싱글맘과 많은 실업자, 질병 수당 수급자 일부도 언젠가는 다시 임금노동을 할 것이다. 이들은 여러 이유로 특정 시점에 임금노동 영역 밖에 있게 된 것이다. 이들은 임금노동자와 같은 거리에 살고 같은 가족의 구성원이고 같은 학교에 자녀를 보낼 것이다.

이들은 자본가 계급에게 매우 중요한 산업예비군의 일부다. 카를 마르크스는 19세기판 '언더클래스'를 다루면서, 유동적·잠재적·정체적 형태의 예비 인력에 대해 지적했다. 유동적 예비 인력은 건설업이나 농업 같은 부문에서 취직과 실직을 반복하는 임시직 또는 계절 노동자다. 이런 노동자는 오늘날 전체 임금노동자 가운데 비중이 크지 않지만 여전히 존재한다. 잠재적 예비 인력은 꾸준히 임금노동에 편입되는데, 농촌을 떠나 도시로 가는 노동자와 일을 구하러 집을 떠나는 여성이 여기에 속한다. '언더클래스'와 가장 닮은 정체적 예비 인력은 장기간 실업 상태에서 이따금 일하는 사람이다. 이 세 형태 말고도 산업예비군의 최하층을 이루는 빈민과 범죄로 먹고사는 사람도 있다.[63]

분명히 위와 같은 집단은 오늘날 자본주의 사회 안에도 존재하지만, 어떻게 봐도 이들이 별도의 계급을 형성하지는 않는다. 영국에는 노숙자가 상당히 많다. 노숙자 쉼터는 '비공식 노숙자'가 170만 명에 이를 수 있고, 그중 8000명은 아무 데서나 잘 것이라고 예상한다. 1991년 지방정부는 노숙자가 42만 명이라고 인정했다.[64] 한번 노숙자가 되면 제대로 된 일자리를 구하고 유지하기가 엄청 어렵기 때문에 많은 노숙자는 소득이 없거나 매우 불규칙적이고 불안정한 일자리만 구할 수 있다.

사람들은 좋아서 노숙자가 되는 것이 아니다. 노숙자는 시장과 정부 정책의 결과로 생긴다. 가족과 함께 사는 청년의 수당을 깎고, 저렴한 공영주택을 짓지 않고, 일하는 것이 의미가 없을 정도로 저임금 체제를 유지하는 정책 말이다. 그리고 노숙자가 모두 '언더클래스' 출신인 것도 아니다. 세인트먼고 쉼터와 복지시설 거주자 10명 중 1명은 학위 소지자다.[65] 또 다른 연구를 보면, 젊은 노숙자의 86퍼센트는 학대나 가정불화 때문에 본의 아니게 집을 떠났다.[66] 실업자도 마찬가지다. 대다수 실업자는 일하고 싶어 하고, 대다수 청년 실업자는 실제로 직장을 구한다. 장기 실업자의 다수는 청년이 아니다. 1993년에 "50~64세의 53퍼센트 이상이 1년 이상 실업 상태인 것에 비해, 16~19세는 26퍼센트만 그랬다."[67] 단기 실업률에서는 청년 비중이 가장 높은 반면 1년 이상 장기 실업률에서는 그 비중이 낮은데, 이것은 많은 청년이 실제로 일자리를 구한다는 것을 보여준다.

복지 수당으로 근근이 살거나 일을 하지 않는 시기는 흔히 일시적이다. '언더클래스' 이론가들이 우려하는 이런 청년들은 대부분 현 상태에 머물지 않을 것이다. 일자리를 구하고, 대학에 가고, 자녀가 학교에 들어가면 다시 일을 할 것이다. 심지어 연금 수급자도 많은 수가 임금노동자(보통 시간제 일자리)로 복귀하고 있다. 연금이 턱없이 부족해 생활비를 보충하기 위해서 말이다.

'언더클래스'는 여러 측면에서 다른 노동계급과 같다. '언더클래스'가 흔히 가장 빈곤한 집단이지만 이들과 대다수 노동자 간의 차이는 임금노동자와 중간계급·지배계급 간의 차이보다 작다. 또한 '언더클래스'의 처지가 반드시 영구적인 것도 아니다. '사회적 약자' 가정에 대한 연구에 따르면, 11세에 복합적 약자로 분류된 가정의 아이 중 3분의 1만이 16세에도 여전히 그 상태였고, 16세에 복합적 약자로 분류된 아이의 절반이 11세에는 그렇지 않았다. 다른 연구들을 보면, 이런 상태가 지속되기도 하지만 단절되는 경우도 상당히 많으며, 장기 실업자와 복지 수당으로 살아가는 사람들의 기본적인 삶의 태도도 다른 사람들과 비슷하다는 것을 알 수 있다.[68] [영국의 빈민 구호단체] 라운트리 재단이 발행한 보고서 "저소득층의 삶"에는 다음과 같이 적혀 있다. "가난한 사람들은 '언더클래스'가 아니다. 연구에 따르면 … 이들은 일하고 싶어 하고, 괜찮은 집을 원하고, 청구된 각종 요금을 낼 만한 소득을 갈망한다."[69]

이들을 주변부로 밀어내는 것은 사회다. 일자리를 주지 않아 소득 수준이 바닥에 머무르게 만들고, 최저임금을 보장하지 않아 빈곤에서 벗어나기 어렵게 하고, 저렴한 주택과 질 좋은 교육·의료를 제공하지 않는다. 이들을 희생양 삼으려는 시도는 자본가가 위기의 원인을 노동자에게 돌리려는 한 계속될 것이다. 일부 노동자는 이런 주장에 속겠지만, 노동계급의 삶의 경험은 이와 상충한다. 대다수 사람의 주변에는 가족이든 친구든, 실업자나 복지 수당 생활자, 연금만으로 생계를 유지하기 어려운 노인 등이 있다. 실제로 많은 사람이 가족의 지원이 없다면 궁핍해질 것이다. 대다수 사람은 일자리와 집을 잃을지도 모른다는 불안감과 공포가 어떤 것인지 이해한다.

'언더클래스'와 노동계급 사이에는 어떤 벽도 없다. 실업자도 자신의 아이는 일할 수 있길 바란다. 하루 2시간 일하는 여성 청소 노동자도 자식은 자격을 잘 갖춰 전일제로 일할 수 있길 바랄 것이다. 공영주택에 사는 노동자(1990년대 중반 공영주택은 500만 호 정도다[70])는 자녀가 경찰서를 들락거리지 않기를 바라지만 가난한 사람들에게 이는 점점 더 어려운 일이다.

'언더클래스' 이론은 중요한 정치적 구실을 한다. 취업자와 실업자, '훌륭한' 사람과 '쓸모없는' 사람, '검소한' 사람과 '무절제한' 사람을 갈라 노동자를 분열시키는 것이다. 이를 통해 이득을 얻는 자는 사회학자 피터 타운센드가 '특수층'이라고 부르는 집단인데, 이들은 사회에서 가장 큰 혜택을 누리는 자들이고 노동자를 이간질해야만 이득을 볼 수 있다.[71]

앞에서 살펴봤듯, 노동계급은 전혀 쇠퇴하지 않았고 쇠퇴하고 있지도 않다. 일하는 사람 다수는 겨우 호구지책을 마련하는 수준의 임금에 노동력을 팔아야 한다. 착취계급은 경제가 위기에 빠지자 최대한 많은 이윤을 얻기 위해 '사회임금'[임금 성격의 복지 시출 비용]을 삭감하거나 생산성을 높여서 노동자를 쥐어 짜고 있다. 1990년대 중반 갤럽 여론조사에서 영국인 81퍼센트가 계급투쟁이 존재한다고 답한 것은 이런 현실을 반영한

것이다(이 수치는 1980년대 초에는 66퍼센트였다).[72]

그렇다면 지배자는 어떻게 권력을 유지하고, 노동자는 왜 자신의 것을 쟁취하기 위해 더 나아가지 못하는 것일까? 이제 이 물음들에 대해 살펴보자.

3장

자본가 계급,
지배자로 태어나는 자들

자본가 계급은 그 정의상 전체 사회에서 소수일 수밖에 없다. 그렇다 해도 자본가 계급은 하나의 독자적 계급이다. 자본가 계급은 부와 권력을 독점한 덕분에 다른 계급과 상당히 구별되고 동떨어진 라이프스타일을 즐긴다.

아주 작은 집단에 엄청난 특권이 집중돼 있다. 그들은 부를 갖고 있다. 미래는 거의 보장된 데다 무엇이든 선택할 자유가 있고 사람을 포함한 주변의 모든 것을 쉽게 좌지우지할 수 있다. 이 모든 것이 부에 딸려 오는 것이다. 그들은 권력도 갖고 있다. 이는 그들이 직접 대소사를 지시하기 때문이라기보다(물론 그들 중 다수가 그런다) 사유재산·이윤·시장의 원리에 따라 운영되는 사회가 그들에게 이익을 주기 때문이다. 또한 그들은 자신의 특권을 자녀에게 넘겨주기도 유리하다. 이 집단의 핵심은 대규모 자본을 소유하는 사람들과 지배하는 사람들이다.[1]

이 소수 집단(인구 1000명당 한두 명이라는 추산이 있다)은 어느 모로 보나 가장 부유하고, 막강한 권력을 갖고 있고, 남들과 다른 자신의 높은 지위를 아주 당연하게 여긴다. 이런 불평등이 존재한다는 사실에는 의심의 여지가 없다. [영국은] 인구의 상위 1퍼센트가 전체 순자산의 대략 5분의 1을 소유하고, 상위 5퍼센트의 소득은 적어도 하위 33퍼센트의 전체 소득과 맞먹는다.[2]■

■ 오늘날 부의 불평등은 더욱 심각하다. 2019년 전 세계에서 가장 부유한 1퍼센트가 순자산의 44퍼센트를 소유하고(Credit Suisse, 2020), 2016년 전 세계 소득 상위 1퍼센트는 전체 소득의 22퍼센트를 벌어들인 반면, 하위 50퍼센트의 소득은 10퍼센트에 불과하다(World Inequality Lab, 2018).
이런 불평등은 한국도 마찬가지다. 통계청의 "2019년 가계금융복지조사"에 따르면, 2019년 가구 순자산 상위 10퍼센트가 전체 순자산의 43.3퍼센트를 차지한다. 국세청의 2018년도 통합소득(근로소득과 종합소득을 합한) 자료에 따르면, 상위 0.1퍼센트의 통합소득이 하위 26퍼센트의 소득과 맞먹는다.

자본가 계급은 자본을 소유하고 지배하기 때문에 그들의 이해관계는 노동자를 착취하는 데 있다. 자본가는 노동자를 쥐어짜 얻은 잉여가치로 살기 때문에 노동계급에 적대적일 수밖에 없다. 예컨대 임금을 깎고, 노동시간을 늘리고, 노동자가 복지 비용을 더 많이 부담하게 한다. 개별 자본가의 태도가 인간적·온정적인지 공격적인지는 중요하지 않다. 자본가 사이의 경쟁과 자본축적의 압력 때문에 그들은 자신의 필요를 충족할 가장 효과적인 방식으로 착취하려 한다.

오늘날 자본가가 된다는 것은 부를

소유하는 것 이상을 의미한다. 프리드리히 엥겔스는 1888년에 《공산당 선언》의 주석을 달면서 자본가 계급을 다음과 같이 정의했다. "부르주아지는 현대 자본가 계급이고, 사회적 생산수단의 소유자이자 임금노동자의 사용자다."[3] 이것은 여전히 자본가 계급에 대한 최상의 정의다. 그러나 1840년대 잉글랜드 북부 자본가의 전형적 이미지, 즉 공장 한두 개를 소유하면서 관리자 몇 명을 고용하고 자신도 노동자 착취에 직접 관여하는 것은 오늘날 자본가의 모습과는 그다지 맞지 않는다.

현재 세계 자본주의는 비교적 소수의 거대 (다국적) 기업이 지배한다. 기업을 직접 소유하는 것은 주주이지만 일상적 경영은 거액의 봉급을 받는 소수가 한다. 이들은 효율적 경영을 위해 임명된 사람들이다. 모든 주요 자본주의 국가는 자본주의 운영에 직접 개입한다. 때로는 국영기업을 통해, 때로는 철도 같은 사회 기반 시설에 투자하거나 보조금을 지원하는 방식을 통해 그렇게 한다. 자본가 계급을 자본을 소유하는 사람과 지배하는 사람을 모두 포함하는 것으로 정의하면, 기업에서 최고 연봉을 받는 고용 사장도 자본가 계급의 일부다. 생산수단(공장 등)을 소유한 자본가도 있지만, 자신의 소유가 아닌 기업을 관리·지배하는 자본가도 많다(물론 이들은 해당 기업의 주식을 상당히 소유했을 것이다). 따라서 자본가 계급을 정의할 때는 자본을 소유하고 지배하는 자들과 생산수단을 소유 또는 지배하는 것을 통해 노동자를 착취할 수 있는 자들을 자본가 계급에 포함해야 한다.

자본주의가 발전하고 노동자들에게서 잉여가치를 뽑아내는 더 세련된 방법이 필요해지면서 이런 전문적인 '자본 관리자'는 더욱 중요해졌다. 자본을 소유한다고 해서(특히 상속받은 경우) 반드시 그 개인이 정력적이고 효율적인 자본가가 되는 것은 아니다. 어떤 사람들은 회사 운영보다는 돈 쓰는 데 더 익숙하거나 능할 수 있다. 그래서 자본가 계급은 계급 내 인적자원과 계급 밖의 소수를 이용해 자신들을 조직한다.

> 자본 소유를 통해 자본가 계급에 속하려면, 그저 충분한 부를 보유하기만 하면 된다. 그것이 유일한 필요조건이다. 그러나 자본주의 기업을 직접 관리하고 운영하는 측면에서 자본가 계급이 되려면 다른 조건이 필요하다. 공격성과 무자비함, 조직적 능숙함과 추진력, 기술적 통찰력, 특히 마케팅 재능이 있어야 이런 위치에 선발된다.
>
> 따라서 경영자층은 여전히 자본, 혈연, 전체 자본가 계급과의 연고 등을 타고나는 자들 사이에서 충원되지만, 다른 사회 계급에서 올라온 사람들에게도 닫혀 있지 않다. 이런 사람들은 부를 쌓아서가 아니라 자신이 복무하는 자본주의적 조직에서 재능을 인정받아 발탁된다. 이런 경우에는 경영자를 하다가 자

본을 소유하게 된다. 자본을 소유해서 경영자가 되는 게 아니라 말이다.[4]

이런 최고 경영자와 사용자는 본질적으로 자본가와 같고 (중간 관리자와 달리) 단순히 자본가의 하수인으로 볼 수 없다. 그들은 이 체제를 조직하고 그 전리품을 나눠 갖는다. "실질적으로, 기업 임원과 고위 관리자의 연봉과 온갖 보너스는 그들이 노동력을 시장에 판 대가라고 볼 수 없다. 그들은 보통 자신의 보수를 직접 결정할 수 있다. … 지배권을 가진 지위에 있기 때문이다. 그들이 받는 보너스는 … 이윤에서 챙기는 자신의 몫이다."[5] 연봉을 받는 사용자는 성장하는 중간계급의 일부처럼 보일 수도 있겠지만, 그들의 부·권력·결정권과 그에 따른 사회적 지위는 중간 관리자와 매우 다르다. "그들이 형식적으로 생산직 노동자, 점원, 경비원처럼 급여를 받는다고 해도 그들의 의사 결정권과 다른 직원에 대한 통제권이 사라지는 건 아니다. 장군이 병사와 같은 군복을 입고 교황이나 추기경이 교구신부와 같은 기도문을 낭송한다고 해서 그들의 처지가 같지 않듯이 말이다."[6]

자본주의 기업을 직접 운영하는 사람들에 대한 설명은 여러 부문의 엘리트에게도 적용된다. 자본가 계급은 부의 소유와 지배를 통해 주요 언론사 편집인, 방송국 총괄 프로듀서, 칙선 변호사,■ 판사, 중앙은행 총재, 대학 부총장■■ 같은 '여론 형성자'를 자신의 계급으로 끌어들인다. 이들과 이들의 가족, 이들의 동료가 자본가 계급, 즉 지배계급의 일부를 구성한다.

■ **칙선 변호사** 영국에서 가장 등급이 높은 공판 변호사. 법무부 장관이 추천하고 여왕이 임명한다. 이들의 변론 비용은 상상을 초월하는 것으로 알려져 있다.

■■ 영국에서 대학 총장은 흔히 명예직이고 부총장이 실질적 권한을 갖는다.

■■■ **옥스브리지** 영국의 유명 대학 옥스퍼드와 케임브리지를 합친 말.

자본가에는 부를 소유한 사람뿐 아니라 기업을 지배하고 운영하는 사람도 포함되는데, 그렇다고 자본가 계급을 산업, 은행, 여러 형태의 거대 사업을 운영하는 사람들로 단순하게 정의할 수는 없다. 정부 자체, 경찰·군대 같은 국가 기구, 사법부, 공무원 조직은 모두 자본가 계급을 대신해, 자본가 계급의 이익을 위해 운영되는 조직이다. 이런 조직을 운영하는 사람 중에 상당히 많은 수가 명문 고등학교와 옥스브리지■■■ 출신이다. 1992년에 〈이코노미스트〉가 뽑은 '최고위 인사' 100인은 대부분 남성이고, 절반 이상이 옥스브리지 출신이고, 3분의 2가 명문 고등학교를 나왔다. 같은 해 고위 공무원 1000명의 인적 사항을 보면, 절반 이상이 옥스브리지 출신이고, 가장 큰 정부 부처 12곳 중 8곳을 명문 고등학교와 옥스브리지 출신자가 운영하고 있었다.[7]

자본주의 체제가 발전하고 성숙하면서 국가의 구실도 점점 커졌다. 국가는 두 가지 구실을 한다. 첫째, 자본가 계급과 그들의 부를 피착취계급에게서 보호한다. 둘째, 자본주의 생산을 최대한 효율적으로 조직한다. 국가의 이런 구실은 자유 시장이 알아서 자본가 계급의 집단적 이해에 맞게 작동하는 것이 아님을 시인하는 것이다. 게다가 국가 소유라는 것 자체가, 실패하거나 허약한 자본이 국제적으로 경쟁할 수 있도록 국유화하거나 정부의 돈을 투입한 것이므로 경쟁의 결과인 것이다.

그래서 19세기에 많은 자본가는 더 건강하고 생산적인 노동력을 안정적으로 공급받기 위해 국가가 일련의 정책(위생·주택 정책이나 초기 공장제에서 나타난 끔찍한 행위를 방지하는 법 등)을 도입하도록 했다. 국유화 경향과 산업에 대한 국가 지배 강화는 당시에 이미 분명하게 나타났다. 특히 철도와 우편같이 효율적 통신을 위해 국가가 개입해야 했던 부문에서 그랬다. 국가는 개별 자본의 (때로는 부분적이고 때로는 상충하는) 이익이 아니라 전체 자본을 대변하고자 했다.[8]

1870년에 프리드리히 엥겔스는 국가의 재정이 자본주의가 특정 방향으로 발전하도록 이끄는 데 점점 큰 구실을 한다고 지적하면서 다음과 같이 썼다.

> 현대 국가는 그 형태가 어떻든 간에 본질적으로 자본주의적 기구이고 자본가들의 국가이며 총자본의 관념적 인격화다.[9]

자본가 간의 경쟁이 (19세기 말 제국주의 시대에 들어) 국민 국가 간, 제국 간의 경쟁이라는 형태를 띠면서, 다양한 자본을 지휘하고 자본의 일부분을 직접 지배하는 자본주의 국가의 구실이 더욱 중요해졌다.

국가가 자본가 계급의 집단적 이익을 대변한다면, 모든 국가기구의 고위 관료는 자본가 계급의 일부로 볼 수밖에 없다. 판사, 고위 공무원, 정부 기관과 준정부 기관의■ 책임자는 기업을 운영하면서 노동자를 직접 착취하지는 않지만, 착취 과정이 순조롭게 진행되도록 하는 데 중요한 구실을 한다. 기업을 운영하는 자본가와 국가·정부에 있는 자본가 계급에 해당하는 사람은 매우 직접적인 관계를 맺고 있다. 그들의 혈연·학연 관계는 매우 뚜렷하다. 그러나 지배계급의 결집력은 단지 혈연관계에서 나오는 것이 아니라 더 비공식적인 사상과 관계에 의존한다.

■ **준정부 기관**(Quango) 비정부 기구와 공공 기관의 요소가 섞인 복합적 형태의 조직으로, 정부에게서 예산을 지원받아 일부 공적 기능을 수행하지만 정책적 전문성과 독립성을 어느 정도 보장받는다. 한국에서는 근로복지공단, 한국가스안전공사 등을 준정부 기관으로 분류한다.

기업의 영향력은 여러 영향력 있는 집단·기구와의 유대로 나타난다. 보수당, 상업 언론, 다양한 압력 집단과의 유대는 직접적이다. 국가기구와 방송사와의 유대는 좀 더 간접적이지만 절대 부차적이지 않다. 이런 유대는 부분적으로는 최고위 인사들이

> 공유하는 경험에 따라 형성된다. 그러나 지배계급 이해관계의 영향력은 경제·정부·대중매체의 일상적 작동을 지배하는 일련의 공통된 암묵적 원리에서 생겨난다. 이 원리들은 이 사회의 핵심 원리로서 기업이 사회의 중심적 위치에 있음을 보여 준다. 왜냐하면 이 원리들은 바로 기업의 원리, 즉 소유·이윤·시장이 모든 사안을 지배한다는 것이기 때문이다.[10]

이 계급이 응집력 있고 조직돼 있으며 같은 목표를 추구한다는 것은 직접적인 정치 개입이 흔히 그들에게 주된 관심사가 아니라는 데서도 드러난다. 영국 보수당은 대기업을 노골적으로 편들고 자본가의 편의를 최대한 봐주려 하기 때문에 압도 다수의 지배계급이 지지하는 정당이다. 그러나 거대 기업이나 국가기관을 운영하는 사람들은 (소수의 예외를 제외하면) 정치 활동에 잘 나서지 않는다. 직업 정치인은 지배계급 출신보다는 변호사 같은 전문가 집단 출신인 경우가 많다(특히 보수당의 경우에 그렇지만 노동당도 갈수록 그렇다). 이런 사람들은 자신의 부, 사회적 지위와 영향력을 통해 지배계급의 일원이 될 수도 있지만, 반드시 애초에 지배계급이어야 하는 건 아니다. 예컨대, 마거릿 대처는 작은 상점을 운영하는 하층 중간계급 집안 출신이었지만, 결혼, 재산 증식, 정치적 권력 등을 통해 지배계급의 일원이 됐다. 지배계급이 자신의 '관리'를 다른 계급에서 모집하는 것의 이점은 이들이 자본가 계급보다 대중에 더 가깝기 때문에 평범한 사람인 척할 수 있다는 것이다.

자본가 계급 내의 분열은 매우 실질적이다. 자본가들 사이에서는 직접적 경쟁이 벌어진다. 예컨대, 가루비누 제조사인 레버브러더스와 프록터앤드갬블P&G이 경쟁하고, 도버해협을 횡단하는 여객선 소유주와 [도버해협을 해저터널로 연결하는] 유로터널 사장이 경쟁한다. 또 유럽 시장을 노리느냐, 미국 시장을 노리느냐, '아시아의 호랑이'■ 경제를 노리느냐에 따라 자본가 계급의 이해관계는 충돌한다. 전술을 놓고도 견해가 갈린다. 어떤 사용자는 노조 활동을 공격하는 방식을 선호하지만, 다른 사용자는 직접적 대립은 피하려 한다. 이런 분열은 체제가 여러 자본 간의 경쟁에 기초하고 있음을 반영하는 것이다. 루퍼트 머독은■■ 로더미어 경이 소유한 신문을■■■ 무너뜨리고 돈을 번다면 기뻐할 것이고, 그의 궁극적 목표는 신문 시장을 네 개 정도의 일간지로 정리해 모든 일간지를 자신이 지배하는 것이다. 그러나 머독과 로더미어 경은 자신이 고용한 노동자들과 전체 노동계급에게서 (세금을 올리고 공공 지출을 삭감하는 식으로) 더 많은 잉여가치를 쥐어짜 낸다는 공통의

■ **아시아의 호랑이** 1960~1990년대에 급속한 산업화와 경제성장을 이룬 한국·대만·싱가포르·홍콩을 일컫는 말.

■■ **루퍼트 머독** 영국에서 가장 많이 팔리는 일간지 〈선〉을 소유한 언론 재벌.

■■■ **〈데일리 메일〉** 〈선〉 다음으로 많이 팔리는 일간지.

목적을 위해 단결하기도 할 것이다.

자본가 계급 내 분열이 근본적인 것은 아니다(그러나 그 분열이 지배계급 내에 중대한 위기를 초래할 때나 노동계급이 단결해 지배계급에 맞서 싸울 때는 결정적일 수 있다). 자본가 계급은 노동계급을 착취하고 노동자에게서 최대한의 잉여가치를 뽑아내는 데 공통의 이해관계를 갖는다.

> 각각의 특수한 생산 분야에서 개별 자본가는 (총자본과 마찬가지로) 총자본에 의한 전체 노동계급의 착취와 착취 수준 결정에 참가한다. 그들은 일반적인 계급적 공감에 의해서뿐 아니라 직접적인 경제적 이유에서도 그렇게 한다. 왜냐하면 주어진 … 다른 모든 조건이 같다면, 평균이윤율은 총자본에 의한 총노동의 착취 수준에 달려 있기 때문이다.[11]

경제 성장기와 호황기에 자본가는 상당히 만족해하고 약간의 떡고물을 자신이 착취하는 노동자들에게 주기도 한다. 그러나 경제 위기가 반복되는 자본주의 체제의 본성 때문에 이는 결코 확실하게 보장되는 것이 아니다. 경제 위기 시기에는 자본간의 경쟁이 치열해지고 자본가는 경쟁에서 살아남기 위해 노동자에게서 더 많은 잉여가치를 뽑아내려 한다.

또 경제 위기 시기에 자본주의 국가는 자본 일반에 유리하도록 복지·의료·교육 예산을 삭감해 노동자를 더욱 쥐어짠다.

> 이윤의 분배가 아니라 손실의 분배가 문제가 되면, 모든 자본가는 자신의 손실을 최소화하고 그것을 다른 자본가에게 전가하려 한다. 자본가 계급 전체로서는 손실을 피할 수 없다. 그러나 개별 자본가가 어느 정도를 부담해야 하는지, 즉 각자가 분담할 몫은 개별 자본가의 힘과 술책에 따라 정해지며, 경쟁은 이제 반목하는 형제들 사이의 싸움이 된다.[12]

그러나 자본가들이 반목한다고 해도, 그들이 형제라는 사실은 변하지 않는다. 자본가들은 서로 경쟁하지만 착취라는 측면에서는 모두 동일한 이해관계를 갖는다.

자본가 계급의 이런 응집력은 그들이 권력을 유지하는 여러 이유 중 하나다. 자본가 계급은 물질적으로 가장 풍족하고, 사회의 부뿐 아니라 (자신들에게 이 사회를 지배할 의무와 능력이 있다는 신념을 강화해 주는) 다양한 사상과 사회 기관에 접근 가능하다. 자본가 계급의 부는 엄청나다. 누군가의 계급을 그가 가진 부만으로 판단할 수는 없지만, 자본가가 어떻게 사는지를 살펴보면 자본가가 어떤 이들인지에 관해 많은 것을 알 수 있다. 한 조사에 따르면, 개인 재산을 기준으로 영국에서 가장 부유한 5명은 폴 레이먼드(포르노 산업), 데이비드 세인즈버리스(대형 마트), 로더미어 경(신문), 에벌린 로스차일드 경(금융), 웨스트민스터 공작(부동산)이다.[13]

이들의 개인 재산은 많게는 16억 5000만 파운드(폴 레이먼드), 적게는 9억 파운드(웨스트민스터 공작)에 달한다. 거의 모든 재산 조사는 부자들의 실제 부를 너무 적게 잡고, 부자들은 회계사와 변호사를 통해 세금을 피하려 온갖 꼼수를 다 쓴다.

자본가 계급은 굉장히 배타적이다. 자본주의 사회에서 가장 흔한 신화 하나는 누구나 의지를 갖고 열심히 일하면 성공할 수 있다는 것이다. 리처드 브랜슨처럼■ 맨손으로 백만장자가 된 기업가 이야기는 지속적으로 홍보된다. 그러나 이런 사람들은 대체로 넉넉한 집안 출신이다(예컨대, 브랜슨과 마이클 헤슬타인은■■ 모두 부유한 집안에서 태어났고 명문 고등학교를 다녔다). 또한 자본가가 '모험가'이자 새로운 사업을 개척하는 기업가라는 흔한 신화와 달리 그런 사람들은 부유층의 극소수에 불과하다. 대다수는 재산을 상속받고 애초에 특권을 갖고 태어난다.

■ **리처드 브랜슨** 400개 이상의 계열사를 지배하는 버진 그룹의 창립자.

■■ **마이클 헤슬타인** 부동산 개발업자로 시작해 헤이마켓 미디어 그룹을 창립한 기업가이자 영국 보수당 정치인.

특정 가문은 계속해서 최고 부유층에 속한다. 금융 재벌 로스차일드 가문, 양조업으로 재산을 모은 기니스 가문, 리틀우즈풀스[축구 도박 회사]를 소유한 무어스 가문 등. 이런 가문의 가장 어린 구성원조차 영국의 최고 부유층에 속하는 것을 보면, 매우 소수의 몇몇 가문이 자본주의의 부를 독점하는 것을 알 수 있다.

부는 여러 세대에 걸쳐 대물림된다. 이런 사실은 웨스트민스터 공작 같은 작위를 대물림하는 귀족 가문을 보면 알 수 있는 명백한 사실이다. 좀 더 근래에 부유해진 가문의 경우도 마찬가지다. 무어스 가문의 구성원이나 기니스가의 아이들이 겨우 청소년기를 지날 무렵에 수백만 파운드에 달하는 부를 축적할 수 있는 이유는 단 하나, 그들이 부를 상속받기 때문이다. 1950년대 말에 10만 파운드 이상의 재산을 남기고 죽은 사람들을 조사한 한 연구를 보면, 그중 절반은 "5만 파운드 이상을 아버지에게서 상속받았다. 3명 중 2명은 적어도 1만 파운드를 상속받았다."[14]

자본가 계급은 특권과 부가 반드시 세습되게끔 하는 거대한 혈연관계를 맺고 있다. 노동계급의 혈연관계는 불안정한 삶의 완충제 구실을 하는 반면, 자본가 계급의 혈연관계는 이미 태어날 때부터 특권을 지닌 자들이 그 특권을 최대한 누리도록 하는 보호막이다.[15]

지배자들이 권력을 유지하고 세습하는 것은 쉬운 일이 아니다. 이를 위해 지배계급의 아이들에게 어릴 때부터 지배하는 법을 가르치는 정교하고 세밀한 구조가 필요하다.

이튼·윈체스터·해로 같은 명문 고등학교는 특권층의 학생들에게 그들이 남들보다 우월하고 사회의 최고위직이 되는 게 당연한 '타고난 지도자'라는 생각을 주입한다. 지배계급의 아이들은 7살 때부터 기숙학교에 들어가 시중드는 사람을 제외하고는 모든 평범한 사람들과의 교류가 차단된다.

이런 명문 학교는 옥스퍼드와 케임브리지 같은 명문 대학으로 가는 보증수표이고, 이런 명문 대학 출신은 여전히 자본주의 국가와 정부 고위 관료, 거대 기업 이사회의 압도 다수를 차지한다. 이런 학교에서 지배계급의 아이들은 나중에 주요 자본주의 기관을 운영하게 될 또래 아이들과 어울린다(이 중에는 특권층과 어울릴 만큼 똑똑하다고 여겨지는 다른 계급 출신의 아이도 소수 있다).

삶의 모든 영역에 특권층만을 위한 모임이 존재한다. [영국의] 부유층은 5~7월에 열리는 첼시 꽃 박람회, 크리켓 국제경기, 더비와 로열 애스콧 [경마 대회], 글라인드본 오페라 페스티벌, 윔블던 [국제 테니스 대회], 헨리 [국제 보트 레이스], 폴로 골드컵에서 서로 만난다.[16] 여름철에 열리는 온갖 스포츠 대회에 지배자들은 사교를 목적으로 참가해 연줄을 맺거나 결혼 상대를 찾고 (가장 중요하게는) 비공식적 사업 관계를 발전시킨다. 부자들은 [런던의] 메이페어·벨그레이비아·나이츠브리지 같은 고급 주택가에 거주하고 그곳에 즐비한 고급 상점과 레스토랑을 애용한다. 자본가 계급의 일부 남성은 웨스트엔드의■ 폐쇄적 남성 클럽에■■ 참가해 서로 어울리고, 정치·사업·통치 문제를 논의한다. 그들은 발레, 오페라, 공연, 클래식 콘서트를 자주 보러 다니는데, 이는 즐기기 위한 목적보다는 사회적 명망과 이런 자리에서 생기는 연줄을 위한 것이다. 그들의 종교(영국국교회)를 지배하는 것도 중간계급과 상층계급이다. 물론 자본가 계급에게는 자신들의 정당인 보수당이 있고 사실상 모든 주요 자본가가 보수당을 지지한다.

■ **웨스트엔드** 런던의 주요 상업·문화 중심지.

■■ **남성 클럽** 18세기에 만들어진 영국 상류층 남성들의 사교클럽.

특권층을 위한 이런 제도와 단체 등은 자본가 계급의 구성원을 교육하고, 계급의식과 응집력을 높이고, 지배계급 출신이 아니지만 부나 지위를 통해 지배계급이 된 이들을 포섭하는 구실을 한다. 그래서 자수성가한 소수 기업가는 자신의 자녀를 자본가 계급의 자녀가 다니는 학교에 보내고 자본가 계급 집안과 결혼시키는 것이 자본주의 엘리트층이 되는 지름길이란 것을 빠르게 배운다.

자본가 계급은 결혼 관계를 맺고 상호 투자를 함으로써 유대를 형성한다. 영국에서 자본주의가 발전하기 시작할 때도, 옛 귀족(더는 중요한 경제적·정치적 지배력을 독자적으로 행사하지 못했다)은 신흥 자본가 계급과 결혼해 새롭게 찾은 부의 원

천에 접근함으로써 자신의 지위와 부를 유지하려 했다. 오늘날 많은 사람은 귀족을 시대착오적이라고 여기고, 이들의 존재는 영국 사회가 전혀 현대화되지 않았고 왕실이나 상원 등 여러 중세 사회의 잔재에 여전히 상당한 권력이 있음을 보여 주는 증거라고 생각한다. 그러나 이런 관점으로 보면 지금껏 남아 있는 영국 귀족은 자본가 계급과 결혼하거나 (더 주요하게는) 스스로 자본가가 돼 자본주의 사회에 통합됐다는 점을 보지 못하는 오류에 빠진다. 18세기에 아가일 공작 같은 귀족은 철·석탄·소금으로 돈을 벌면서 자본가 귀족으로 거듭났다. 런던데리 경 등 많은 광산 소유주가 처음에는 귀족 지주였다. 자본주의가 발전하면서 귀족과 자본가 사이의 경계선이 희미해졌다. 오늘날 귀족은 자본가 계급과 별개의 계급이 아니라 자본가 계급의 중요한 일부다. 귀족은 흔히 자본주의 체제 내의 큰손이고, 영국 사회의 연속성과 전통 수호라는 명분을 제공하는 중요한 구실도 한다.

금융자본과 산업자본 사이에 깊은 분열의 골이 있다는 주장도 흔하다. 런던 금융가의 금융업자가 산업자본가를 마음대로 조종하려고 압력을 넣는다는 것이다. 이런 주장은 '국제 자본'에 맞서 노동자와 일부 산업자본가가 동맹을 맺어야 한다는 것을 정당화하는 논리로 사용된다. 1980년대에 런던 금융가가 떠오르고 금융시장 규제가 철폐되면서 이런 주장이 다시 힘을 얻었다. 금융자본은 영국이나 유럽에 딱히 묶여 있지 않고 자유롭게 이동한다. 그러나 자본의 국제화가 심화된다는 것은 상당수 산업자본 역시 다국적화한다는 뜻이다. 그리고 자본주의가 점점 국제화하면서, 산업자본과 금융자본 간의 연결은 더욱 견고해졌다. 일부 산업 기업은 이제 금융 자회사를 소유하고, 금융자본은 많은 산업 기업의 합병에서 중요한 구실을 한다. 이제 상호 투자란 많은 기업이 하나의 우산 아래 산업과 금융 두 요소를 포함한다는 것을 의미한다. 여기서 금융자본은 산업자본과 직접 경쟁하는 관계가 아니라 산업자본이 순탄하게 나아가도록 길을 닦는 수단이 된다.

또 공공 부문 자본가와 민간 부문 자본가 사이에도 진정한 차이는 없다. 이 점은 공기업 사장들이 기존 연봉의 3배를 받고 민간 기업으로 옮기는 경우가 흔하다는 것을 봐도 알 수 있다.

자본가들은 계급의식이 뚜렷하다. 자신들에게 유리하게 만들어진 사회의 지배자로서 자신들이 어마어마한 부와 권력을 갖고 있다는 것을 알고 있다. 그러나 그들의 계급의식은 딱 여기까지다. 개별 자본가는 자신의 위치를 넘어 전체 사회의 정확한 그림을 보지 못하기 때문이다. [마르크스주의 이론가] 프란츠 야쿠보프스키는 다음과 같이 썼다.

생산수단은 사회적으로 생산되고 사회를 위해 생산되지만, 개별 자본가가 소유한다. '자본주의는 개인적 권력이 아니라 사회적 권력'이지만, 이 권력을 움직이는 것은 자본 소유자이고 이들은 자신의 활동이 사회에 미치는 영향을 전체적 관점에서 보지 못한다. … 생산수단의 사적 소유 때문에 부르주아지의 관점은 오직 개별 자본가의 관점에 국한된다.[17]

또 "부르주아지는 프롤레타리아만큼이나 자기소외를 느끼지만 … 프롤레타리아와는 달리 이런 자기소외의 본질을 밝히고 그 너머를 보거나 그것을 제거하는 데 전혀 관심이 없다."[18]

그러나 부르주아지는 노동계급의 적어도 부분적인 묵인 없이는 자신의 부를 유지할 수 없다. 사실 노동자는 소외 때문에 무력감을 느껴 자신의 삶을 바꾸는 데 나서지 못하고, 이런 소외는 오직 세상을 바꾸는 과정 속에서만 극복할 수 있다. 일상적 시기에 대다수 노동자는 자신의 상황을 바꾸기 위해 할 수 있는 게 거의 없다고 느낀다. 자본가 계급은 힘으로 누르는 방식보다 동의를 얻는 방식을 더 흔히 이용해 지배를 이어 갈 수 있다. 이런 식으로 자본가 계급은 부와 권력을 독점하고, 그들의 지위를 공고히 한다. 이 과정에서 사회 내부의 중간층이 결정적 구실을 한다. 이 중 자본가 계급의 라이프스타일과 권력에 가장 근접한 상층부(종종 '상층 중간계급'이라 불린다)는 자본가 계급의 권력을 강화하는 데 핵심적 구실을 수행한다. 이들은 텔레비전과 신문을 통해 [지배계급의] 이데올로기를 퍼트리는 사람들, 주요 관리자 구실을 하는 사람들, 일류 의사·변호사, 하원 의원 등이다. 이들은 자본의 충성스러운 하수인이고 자본가의 사상과 염원을 사회 곳곳에 퍼트리는 매개체 구실을 한다.

'중간층'이 계속 체제에 충성하도록 하는 매우 중요한 수단은 그들이 체제에 이데올로기적 일체감을 느끼도록 하는 것이다. 그러나 많은 중간층은 경제적 불안정을 겪고 있고, 이것은 이들이 일부 사회적 통념에 도전하도록 만든다. 이를 이해하려면 '중간계급'에 대해서 좀 더 상세히 살펴볼 필요가 있다.

4장

중간계급,
샌드위치 신세?

"저는 중간계급이라고 할 수 있습니다." 노동당 부대표 존 프레스콧이 1996년 4월 BBC 라디오 프로그램 〈투데이〉에서 이렇게 말했을 때, 많은 사람이 놀라거나 어처구니없어했다. 15살에 실업계 중등학교를 중퇴했고, 상선商船 승무원이자 노동조합 활동가였고, 지금도 잉글랜드 북부 사투리로 말하는 사람이 어떻게 노동계급이 아닐 수 있을까? 그러나 프레스콧은 그저 사실을 언급한 것이다. 하원 의원으로 받는 급여, 재산인 집 두 채, 예비 내각의 지도적 정치인으로서 위치를 볼 때, 그는 출신 배경만 빼면 이제 더는 노동계급이 아니었다.

"이제 우리는 모두 중간계급"이라고 현실을 호도하려는 이들은 프레스콧의 발언을 환영했다. 이들은 계급이 귀족과 납작모자가▪ 있던 시절에나 어울리는 낡은 개념으로 요즘 같은 시대에는 맞지 않는다고 생각한다. 칼럼니스트 토니 파슨스는 [친노동당 성향의] 일간지 〈데일리 미러〉에 프레스콧의 계급적

▪ **납작모자** 16~17세기 영국에서 주로 노동계급 남성이 썼던 모자.

위치를 평하며 다음과 같이 썼다.

전통적 제조업이 사라졌을 때, 전통적 노동계급도 사라졌다. 제조업 일자리와 그것을 중심으로 한 지역사회는 모두 옛일이 됐다. 이제 영국에는 탄광 광원보다 대학 강사가 더 많다.

파슨스는 이렇게 덧붙였다. "이제 중간계급은 단연코 가장 폭넓은 사회계층이다. 중간계급은 교외·도시·시골 어디에나 존재한다. 중간계급에는 상점 주인과 자영 건설업자는 물론 노동당 정치인도 포함된다."[1]

상점 주인, 자영 건설업자, 노동당 정치인은 전체 인구의 매우 작은 부분에 불과하므로 결코 "가장 폭넓은 사회계층"이라고 할 수 없다. 그러나 파슨스의 설명에는 노동계급이 누구인지에 대한 단순한 착각 이상이 반영돼 있다. 최근 수십 년간 사회구조가 변하면서, '중간계급'이 누구인지에 대해서도 갖가지 오해가 생겨났다.

20세기 내내, 특히 1945년 이후에 선진 자본주의 국가에서는 전문직이나 관리직이라 부르는 일자리가 크게 증가했다. 보통 이런 일자리의 종사자는 고등교육을 받아야 하고, 임금을 월급으로 받고,■ 흔히 '전통적' 노동계급 일자리보다 훨

■ 영국에서 일반 노동자는 대체로 임금을 월급이 아니라 주급으로 받는다.

씬 더 많은 보수를 받고, 훨씬 더 높은 '지위'를 누린다.

이런 일자리는 세 분야에서 확대됐다. 먼저, 모든 수준에서 관리자가 늘어났다. 다음으로, 자본주의의 문제를 해결하고 자본주의 사상을 유포하는 구실을 하는 사회복지사·교사·교수 같은 직군이 늘어났다. 마지막으로, 의사·변호사·건축가 같은 선진 자본주의 사회를 운영하는 데 필요한 전문직이 늘어났다. 이 마지막 집단은 항상 존재했지만, 이제는 흔히 거대 법률 사무소나 건축 사무소에서 월급을 받는 피고용인으로서 더 큰 사업장의 노동조합으로 조직되는 경향이 있다.

가장 먼저 지적할 점은 '중간계급'으로 여겨지는 많은 이들을 엄밀히 정의하면 노동계급의 일부로 봐야 한다는 것이다. 많은 숙련 화이트칼라 직종 기술자는 임금, 노동조건, 노동과정에 대한 통제권 결여, 직업 훈련 등 모든 측면에서 전통적 노동자와 사실상 동일한 특징을 보인다. 이들도 "자신의 노동에 대한 통제권이 거의 없다. 다른 노동자를 감독하지도 않고, 상품과 서비스 생산에 기여한다. 전통적 노동계급 출신으로, 노동계급과 비슷하게 벌고 비슷하게 생활한다."[2] 이 노동자들(제도사, 실험실 기사, 컴퓨터 기사, 항공 관제사 등)은 많은 경우에 고용주를 위해 직접 잉여가치를 생산한다. 자동차 공장 노동자가 하는 것과 정확히 같은 방식으로 말이다.

자본가에게 직접 이윤을 창출해 주지 않거나 상품을 생산하지 않는 것이 분명한 다른 집단이 있다. 교사, 사회복지사, 다양한 종류의 의료 노동자 등 국가에 고용된 수많은 노동자와 흔히 '중간계급'이나 전문직으로 널리 여겨지는 이들이 여기에 속한다. 그러나 이들도 소득·라이프스타일·출신 등 많은 측면에서 위에 언급한 노동자들[많은 숙련 화이트칼라 직종 기술자]과 동일하다. 사실 교사와 같은 이들이 사회에서 하는 구실은 적어도 부분적으로는 사회의 지배적 사상을 노동계급 전체에 전파하는 것이다. 그러나 이것 못지않게 중요한 다른 구실도 한다. 교사·간호사 같은 노동자들은 다음 세대 노동자가 교육받고, 읽고 쓸 수 있고, 건강하게 성장하도록 돕는 일을 한다. 이런 점에서 교사·간호사 등의 직업은 선진 자본주의 국가에 꼭 필요한 국가 체계의 일부로서, 노동력 재생산에 필수적이고 따라서 잉여가치 생산에 간접적으로 기여한다.

이런 노동자 집단들은 이제 노동계급의 상당 부분을 차지한다. 반면 소위 '중간계급' 영역의 다른 쪽 끝에는 자본가 계급을 대리해 자본주의 사회를 운영하기 위해 조직된 이들도 분명히 있다. 대학 총장, 명문 학교장, 정상급 건축가, 칙선 변호사, 병원장, 군대 고위 장교, 중앙 일간지 칼럼니스트 등(그리고 민간 산업 상층 관리자, 정부 고위 관료, 지방정부의 여러 부처장)을 생각해 보자. 이들은 명백히 체제를 순조롭게 운영하기 위해 그 자리에 존재한다. 이들이 체제와 자신을 동일시하는 것이나 생산된 전체 잉여가치에서 보상으로 가져가는 몫이 상당하다는 것을 봐도 이를 알 수 있다.

그러나 이 두 집단[소위 '중간계급'으로 분류되는 층의 양 끝] 사이에서는 예리한 구분이 훨씬 어려워진다(심지어 두 집단이 겹치는 영역이 적잖이 존재한다). 해리 브레이버먼은 민간 산업 관리자에 대해서 다음과 같이 적었다.

> 자본주의 기업에서 권한과 전문 기술을 가진 중간층의 존재는 [기업 경영진의] 책임이 불가피하게 위임되는 상황을 보여 준다. 따라서 이 중간층의 지위를 이해하려면, 위로는 이들에게 명령하는 권력과 부를 가진 자들, 아래로는 이들이 통제·지시·조직하는 노동 대중과 맺는 관계를 잘 살펴봐야 한다. 중간층의 보수 수준은 중요한 의미가 있다. 왜냐하면 그것이 일정 수준을 넘어서면 기업 경영진의 보수와 마찬가지로, 단순히 노동력과 화폐의 교환(상품 교환)뿐 아니라 기업에서 생산된 잉여를 분배받는 것을 나타내며, 따라서 이들이 기업의 성패에 매달리고 작게나마 '경영자적 이해관계'를 갖게 만들기 때문이다.[3]

다른 이들의 노동과정을 직접 감독·통제하지는 않지만 스스로 자본의 위임을 받는 지위에 있다고 여기거나 어느 정도 자신의 과제를 설정할 수 있는 반半자율성이 보장되는 많은 관리직·전문직도 마찬가지다. 대학 교수, 고위급 언론인, 변호사가 (반드시 그런 것은 아니더라도) 이 같은 범주에 들어간다.

이런 집단은 자본가 계급에 빌붙는 옛 '아첨꾼들', 즉 마르크스가 보기에 지배계급과 자신을 동일시했던 이들과 질적으로 다를 바 없다. 이들이 받는 급여와 여러 혜택(회사 차, 민간 의료보험, 연금 등)을 보면, 이들의 대다수가 착취받지 않으며 자신을 체제와 동일시한다는 것을 알 수 있다. 이들은 잉여가치를 생산하기는커녕 다른 사람들이 생산한 전체 잉여가치의 일부를 받는다. 즉, 이들은 (비록 아주 작은 부분이라도) 자본가의 케이크에서 한몫을 차지한다.

그러나 여기서도 경계는 모호할 수 있다. 예컨대, [영국의] FE대학■ 교수는 (구조적으로 관리직에 속하는 최상위를 제외하고) 소위 현대판 '노동귀족'이라고 할 수 있다. 이들은 본질적으로 노동계급에 속하고, 젊은 노동자에게 기초적 기술을 전함으로써 잉여가치 생산에 간접적으로 관여하고, 공장 노동자와 단순 사무직보다 약간 더 높은 임금을 받으면서 조금 더 낫고 덜 틀에 박힌 조건에서 일한다. 뒤에서 살펴보겠지만, 이 집단의 노동조건은 최근 상당히 나빠져 임금·노동조건·의식의 측면에서 다른 노동자 집단과 더 가까워졌다.

■ **FE대학**(Further Education college) 중등학교를 마친 16세 이상이라면 누구나 입학할 수 있고, 고등교육기관에 진학하거나 특정 직업 진로를 시작하기 위해 필요한 자격을 취득하는 교육기관.

[영국의] 초등학교 교장의 경우는 어떨까? 어떤 측면에서 초등학교 교장은 전문직·관리직 구조의 일부로서, 잉여가치를 분배받고 다른 노동자의 노동과정을 일정 정도 관리·통제한다. 그러나 또 다른 측면에서 이들은 흔히 교사가 부족한 학교에서 빈자리를 메우는 허울 좋은 대리 교사이기도 하다. 따라서 이들은 위아래에서 서로 상반되는 압력을 받는다. 위로부터는 교육체계의 지배적 특성인 위계에 순응하고 교육 '시장'에서 학교의 순위를 올려야 한다는 압력을 받고, 아래로부터는 자신의 이해관계가 지역 교육 당국의 관리자보다는 일선 교사와 더 가깝다고 느끼게 만드는 압력도 받는다.

마르크스와 중간계급

중간계급의 성장은 마르크스의 기본 개념을 반박하는 것처럼 보인다. 마르크스는 초기 저작에서, 자본주의가 발전하면 서로 대립하는 두 계급이 형성되고 이 양극화 밖에 존재하는 다른 계급과 사회계층은 결국 소멸할 것이라고 예상했다.

《공산당 선언》에서 이런 관점을 볼 수 있다.

> 지난 시대를 돌아보면 거의 모든 시기의 사회가 여러 신분으로, 온갖 세부적인 사회적 지위로 복잡하게 나뉘어 있음을 알 수

있다. 고대 로마에는 귀족, 기사, 평민, 노예가 있었고, 중세에는 봉건영주, 봉신, 길드 장인, 직인, 도제, 농노가 있었으며, 각 계급은 대부분 다시 그 내에서 세분화돼 있었다.

봉건사회가 몰락하면서 탄생한 현대 부르주아 사회에서도 계급 대립은 사라지지 않았다. 새로운 계급, 새로운 억압 조건, 새로운 투쟁 형태가 낡은 것을 대체했을 뿐이다.

그러나 우리 시대, 즉 부르주아 시대는 이 계급 대립을 단순화했다는 점에서 독특하다. 전체 사회가 점점 더 두 개의 커다란 적대 진영, 직접 대립하는 두 거대한 계급, 부르주아지와 프롤레타리아로 분열하고 있다.[4]

마르크스와 엥겔스가 설명한 기본 모델은 기본적으로 옳았다. 자본주의가 확산되면서 강력한 산업 계급이 발전했다. 체제의 동역학, 자본축적에 따라 많은 옛 계급이 소멸했다. 봉건 질서에 기초했던 이전 지배계급의 권력과 부는 자본가 계급이 차지하게 됐다. 자본주의가 가장 발달한 나라에서 옛 지배계급은 사회 세력으로서의 영향력을 잃고 쇠퇴하거나 (영국의 경우처럼) 자본주의 지배계급의 일부가 됐다. 중세도시에서 번창했던 몇몇 상인은 자신의 자본을 사용해 공장 생산을 발전시킴으로써 신흥 자본가 계급의 일부가 됐고, 그러지 못한 이들은 노동계급으로 전락했다.

전前 자본주의 사회를 구성했던 다른 계급도 양측에서 엄청난 압력을 받았다. 기계제 공업 생산은 개인이 자기 작업장에서 생산하는 것보다 상대적으로 더 적은 시간에 훨씬 더 값싸게 상품을 생산할 수 있었다. 장인·기능공·직인 같은 이들은 프롤레타리아화돼 도시로 내몰려, 살기 위해서는 자신의 노동력을 자본가에게 팔아야 했다. 농민의 처지도 비슷했다. 인클로저■ 공유지에서 쫓겨나 생계가 막막해지거나 기계화된 농장에 고용되면서, 그들도 임금노동자가 될 수밖에 없었다.

■ **인클로저** 16세기와 18세기 영국에서 지주와 농업 자본가가 목축업과 대규모 농업을 하기 위해 빈농을 쫓아내고 개방 농지와 공유지에 울타리를 친 일.

이처럼 자본주의가 발전하면서 점점 더 많은 사람의 지위가 자본주의적 착취 과정과 맺는 관계에 따라 결정됐고, 그 결과 옛 계급은 소멸했다. 이 과정은 꾸준히 진행돼 왔다. 그래서 20세기 내내 한편으로는 독점자본주의가 발달했고(점점 더 적은 수의 거대 기업이 경쟁자를 몰아내거나 집어삼키고 사회를 지배했다), 다른 한편으로는 노동계급이 거대한 규모로 성장했다. 새롭게 산업화되는 국가에서는 이런 과정이 여전히 진행 중이다. 옛 농민과 소상인은 자본주의의 확장이라는 점점 더 커져 가는 압력 속에서, 결국 성장하는 프롤레타리아의 일부가 되는 경우가 흔하다.

두 주요 계급이 성장한다고 해서 다른 모든 계급이 완전히 사라진 것은 아니었다. 소농과 빈농, 소상인, 의사, 변호사 등 두 주요 계급 어디에도 속하지 않는 이들이 여전히 존재했다. 그렇다고 해서 이들이 자본주의 생산양식에서 완전히 벗어나 있는 것은 아니고, 오히려 두 적대계급 사이에 낀 샌드위치 신세였다.

실제로는 이런 계급이 소멸하지 않은 것이다. 그러나 그들은 전체 사회에서 차지하는 비율이 줄어들고 두 주요 계급과 분리된 하나의 계급으로서 독립적 정책을 추진하지 못하는 처지가 됐다.

그렇다면 이런 주장은 앞에서 설명한 월급 받는 '중간계급'이 인구의 15~20퍼센트에 달하는 현재 상황을 얼마나 잘 설명할까? 이들은 소득과 지위 측면에서 전통적 프티부르주아지(소상인)와 비슷할지도 모른다. 그러나 다른 측면에서는 중대한 차이가 있다. 관리직·전문직 중간계급은 자본주의 체제, 특히 점차 20세기의 주요한 특성이 된 과학기술 혁명으로 형성됐다. 바로 생산과정에서 형성된 중간계급인 것이다. "구중간계급은 … 자본축적 과정에서 자본가로서든 노동자로서든 아무런 직접적 구실을 하지 않았"지만, 월급 받는 피고용인인 "신중간계급은 … 자본 증식 과정 외부에 있기 때문이 아니라 그 과정의 일부로서 양대 계급의 특성을 모두 가지고 있기 때문에 중간적 지위를 차지한다."[5]

게다가 '신중간계급'의 구성원은 일반적으로 자본을 소유하지 않는, 봉급 받는 피고용인이다. 이들의 압도 다수는 살기 위해 자신의 노동력을 팔아야 한다. 무엇보다 바로 이런 특성 때문에 신중간계급과 노동계급 간에 근본적 단절은 없다는 주장이 나오는 것이다.

'신중간계급'의 정의를 논의할 때, 신중간계급이라는 용어 자체가 오해를 자아낸다는 것을 아는 것이 중요하다. 신중간계급은 두 주요 계급에 독립적이지 않으면서도 양측의 특성을 모두 띠기 때문에 하나의 계급으로 논의하는 것이 불가능하다. [미국의 혁명적 사회주의자] 핼 드레이퍼는 다음과 같이 썼다.

> 프티부르주아지는 야누스처럼 두 얼굴을 가지고 있다. 프티부르주아지는 한편에서는 자본가와 맞서지만, 다른 편에서는 노동자와 맞선다. 두 가지 다른 경계선이 이들을 관통한다. (1) 유산자와 무산자의 구분에서 프티부르주아지는 유산자다. 그래서 이들은 백만장자와 동질감을 느끼고 재산권에 대한 연설에 열광할 수도 있다. (2) 자기 노동으로 먹고사는 자와 남의 노동으로 먹고사는 자의 구분에서 프티부르주아지는 전자, 즉 일하는 자에 속한다. 그래서 이들은 프롤레타리아를 포함한 노동하는 계급의 고충을 이해할 수도 있다.
>
> 따라서 프티부르주아지는 양방향으로 끌린다. 첫째 경계선에 따

라 이들은 부르주아지에게 견인될 수있다. 둘째 경계선에 따라, 특히 장기적 관점으로 볼 때, 이들은 자본주의 체제의 폐해에 맞서 프롤레타리아와 공통의 이해관계가 있다.[6]

이런 상반된 특성 때문에 많은 사회주의자가 이들을 어떻게 정의할지를 두고 어려움을 겪는다. 중간계급 문제에 대한 좌파의 접근법은 크게 두 가지로 나뉜다. 첫째 접근법은 "신중간계급을 노동계급 편으로 끌어당길 수 있을까?" 하는 질문에 긍정적으로 답하고는, 실제로 중간 관리자나 전문직 등은 단지 프롤레타리아의 일부(갈수록 중요해지는 일부)라고 결론 내린다. 이런 관점으로 보면, 극소수의 최고위 사장·경영자 층을 제외한 모든 이들을 노동계급으로 정의할 수 있다.[7] 이는 계급 간의 차이를 흐리는 효과를 낳는다.

둘째 접근법은 완전히 별개의 새로운 중간계급 범주를 만들려는 시도다. 예컨대, 저술가 니코스 풀란차스는 단순 사무직이든 전문직 '지식인'이든 모든 비육체 노동자를 한데 묶어 '신프티부르주아지'라고 정의했다.[8] 또 바버라 에런라이크와 존 에런라이크는 노동계급과 적대적 관계에 있고 독점자본주의만의 특수한 계급인 '전문직·관리직 계급' 이론을 발전시켰다. 이들은 "생산수단을 소유하지 않는 월급 받는 정신 노동자들로, 사회적 분업에서 하는 주요 구실은 대체로 자본주의 문화와 자본주의 계급 관계의 재생산이라 할 수 있다."[9]

'전문직·관리직 계급'이 양대 계급과 맺는 관계는 "자본가에게 고용돼 있으면서, 노동자를 관리·통제할 권한을 갖는" 것이라고 한다.[10] 이같이 이들을 독립적 계급으로 정의하는 방식은 (에런라이크 부부도 인정하듯이, 양대 계급과의 경계가 불분명하고) 사회학적 정의로부터 출발한다는 문제가 있다. 에런라이크 부부는 전후 미국에서 상당한 규모의 전문직 계급이 성장했다는 증거로 이들의 교육 [수준], 사상적 영향력, 노동과정의 상대적 자율성, 소비 [양상]를 들었지만, 이런 특성이 고정적이지 않고 전체 자본주의 사회관계와 독립적이지 않다는 점을 이해하지 못했다. 에런라이크 부부에 대한 다음의 비판이 지적하듯이 말이다.

> 계급을 구체적 노동 형태나 자본주의 분업 과정에 고용된 직업들의 구체적 특성에 기초해 분석하면 … 이런 노동 형태가 생겨나고 변화하고 흔히 새로운 모습으로 재생산되는 과정을 완전히 놓치게 된다.[11]

자본은 끊임없이 새로운 산업예비군을 끌어들이고, 옛 직업을 파괴하고 새 직업을 만들고, 특정 노동의 성격을 변화시킨다. 예컨대, 은행이나 교직 업무가 100년 전과 똑같다고 본다면,

이는 해당 직업 자체와 자본주의에서 해당 직업이 하는 구실이 얼마나 근본적으로 바뀌었는지를 무시하는 것이다. 소비도 이와 마찬가지다. '신중간계급' 라이프스타일의 특징이 흔히 명품 옷, 잦은 휴가, 높은 가계 지출 같은 과시적 소비인 것은 사실이다. 그러나 이런 소비가 단지 한 계급만의 독특한 습성이라고 볼 수는 없다. 오히려 이는 점점 상품화되고 있는 자본주의 사회를 반영하는 것이고 이는 노동자에게도 영향을 미치고 있다. 또 소비 추세에 대해 말하자면, 최근 소위 '신중간계급'의 일부가 모든 방면에서 소비를 줄인 것을 확인할 수 있다.

'신중간계급'을 정의하려는 두 가지 시도(그들이 '신노동계급'이고 프롤레타리아를 자연스럽게 지지할 것이라는 관점이든, 독립적 전문직·관리직 계급으로 보는 관점이든)는 두 가지 이유로 실패한다. 첫째, 마르크스가 계급을 정의할 때 말한 기본적 사실, 바로 생산수단과 잉여가치 생산에 대한 관계를 고려하지 않는다. 그 대신에 사회적 지위, 이데올로기의 지배·전파 등을 통해 계급의 위치를 판단하려는 경향이 있다. 이런 요소는 특정 집단의 사람들이 왜 그렇게 행동하는지를 이해하는 데는 중요할 수 있어도, 전반적인 계급 관계를 설명하지는 못한다. 둘째, '신중간계급' 사람들이 모순적 상황에 놓일 수 있고, 위기에 빠진 자본주의 내에서는 이런 모순이 더욱 심각해지기 쉽다는 점을 이해하지 못한다.

모순적 상황

사회가 양대 계급으로 나뉘어 가는 경향은 사라지지 않았다. 다양한 전문직·관리직층이 성장하고 온갖 형태의 노동과정에 적용되는 관리 기법이 엄청나게 늘어남에 따라 관리자의 규모가 증가해 왔지만, 또 다른 압력이 작용해 왔다. 바로 많은 전문직이 프롤레타리아화되는 경향이다. 이런 직종의 종사자는 점점 노동계급화하고 있다. 앞서 살펴봤듯, 이런 과정은 수십 년간 사무직에서 나타났다. 또한 기술자와 교사 같은 노동자에게도 "프롤레타리아적 노동조건의 특징이 나타난다." 어떻게 이런 일이 벌어지는 것일까?

> 첫째, 이들[노동자들 — 지은이]은 다른 노동시장의 특징이 그대로 나타나는 대규모 노동시장의 일부가 된다. 그래서 예컨대 상시적 산업예비군이 존재해 급료 수준을 낮추는 압력으로 작용한다. 둘째, 자본은 아무리 전문 분야라도 노동자가 대규모로 생겨나자마자 … 그 전문성을 자본주의 생산양식의 특징인 모종의 '합리화' 형태에 종속시킨다.[12]

이런 상황은 은행이나 민간 기업에서 인원을 감축하고, 병원에 내부 시장을▪ 도입해 의료진에게 점점 압력을 가하고, 학교가 점점 성적표와 순위표에만 골몰하게 만들고, 대학이 갈수록 시장 중심의 교육 방식(강의 규모를 키우고, '학위 취득률'을 높이고, 강사의 노동시간은 늘리고 휴가 일수는 줄이는 등)을 도입하게 하는 등 모든 사업장에서 아주 분명히 확인할 수 있다.

1970~1980년대만 해도 종사자 자신이 '중간계급'이나 전문직으로 인식하던 많은 직종이 중대한 변화를 겪었고, 그에 따라 일반적인 노동계급 직종과 훨씬 비슷해졌다. 예컨대, 언론 직종의 경우가 그렇다. 잡지와 지역신문(이제는 점차 중앙 일간지까지)의 대다수 언론 직종은 컴퓨터 기술의 발전으로 완전히 변모했다. 이제 기자는 자신의 원고 작성뿐 아니라, 교정·교열을 보고 면 구성 작업도 흔히 해야 한다. 이런 작업은 모두 한때 여러 종류의 인쇄 노동자가 했던 일이다. 이제 기자는 컴퓨터에 매여서 일한다. 컴퓨터는 타자 수를 세서 기자의 노동 속도와 강도를 통제하는 데 사용된다. 기계가 도입되고, 노동 속도가 빨라지고, 노동강도가 강해지는 것(그 결과 과도한 키보드 사용으로 인한 산업재해인 반복사용긴장성증후군RSI 발생이 늘어났다)과 함께, 기자의 임금이 전체적으로 급락했다.[13]

■ **내부 시장** 1990년 영국 대처 정부가 공공 부문에 도입한 신자유주의 정책으로, 국가보건서비스(NHS) 내부 의료 기관들 사이의 경쟁을 부추겼다.

교육이나 간호 같은 과거의 전문직 분야에서도 합리화·시장화 과정이 나타났다. 그래서 대부분 사람을 대하는 일, 따라서 당연히 가장 노동 집약적이고 수량화하기 힘든 일조차 이제 시장의 압력을 받게 됐다. 교사는 학생을 시험 성적표의 숫자로 여겨야 하고 간호사는 환자를 최대한 빨리 비워야 할 병상 개수로 봐야 한다. 개인에 대한 돌봄, 작업 과정에서 나타나는 개인적 관계의 발전은 이런 노동을 공장 노동이나 거대하고 삭막한 사무실에서 하는 노동과 구분해 주는 상대적으로 중요한 요소였지만, 이런 요소들 또한 시장화 압력에 점점 시달린다. 이 과정에서 한때 이런 직업을 특징짓던 정신노동과 육체노동 사이의 구분도 무너지고 있다.

이런 노동자 집단에 대한 하향 압력은 지난 수십 년간 그들의 구성과 관점에 극적인 변화를 가져왔다. 교사·간호사 같은 직종의 점점 더 많은 종사자가 자신을 노동자라고 생각한다. 이들은 노동조합에 가입하고, 노동쟁의에 나서고, 다른 조직노동자 집단과 분리되는 게 아니라 공동의 이해관계가 있다는 것을 이해한다. [영국에서] 교사와 지자체 노동자의 첫 주요 파업은 1960년대 말과 1970년대 초에 일어났다. 정부와 언론이 이데올로기적으로 그리고 재정지출 삭감을 통해 공격하면서, 교육 부문의 정치적 격동은 더 심해졌다. 여기서 두드러진 점은 교사들이 개인적으로 대응하기보다는 집단적이고 조직적으로 대응했다는 것이다. 예를 들면, 학교 시험 거부 조직이나 특정 부문의 삭감에 반대하는 하루 파업 지지 행동처럼 말이다. 이런 강렬

한 분위기는 교원노조 대의원 대회에서 보인 전투성을 통해 분명하게 드러났다. 그래서 더 '전문적'이고 우파적인 노동조합들도 전투적 행동 채택을 고려할 수밖에 없었다.[14] 성인·고등교육노조NATFHE는 1994년에 최대의 노동쟁의에 참여했고, 당시 이들의 파업에 따른 노동 '손실' 일수는 전체의 22퍼센트에 달했다. 이것은 정부와 사용자가 강사의 계약 [조건]을 공격했기 때문이었다.[15]

그러나 변화는 단순히 한 방향으로만 일어나지 않았다. 많은 교사, 의료 노동자, 대학 교수, 기자, 은행 노동자의 임금과 조건이 노동계급에 더 가까워졌지만, 이런 전문직 중 소수는 커리어를 쌓을 기회, 연봉, 라이프스타일이 다른 방향으로 움직였다. 1980년대와 1990년대 초에 상당한 규모로 전문직·관리직층이 형성됐고 이들은 분명하고 의식적으로 체제에 포섭돼 그 운영을 도왔다. 이를 뚜렷하게 보여 주는 사례로 국가보건서비스NHS 관리직의 증가를 들 수 있지만, 이는 모든 선진 자본주의 국가의 모든 부문과 산업에서 일반적으로 나타난 현상이다.

또 하나의 사례를 보자. 영국의 모든 대학에서 최근 대다수 교수의 조건이 하락했지만, 극소수는 대학 운영·관리에 훨씬 더 긴밀하게 관여하게 됐다. 이는 교육에 시장을 도입하고, 등록금과 대학 건물 대여로 수익을 최대한 끌어내고, 재계의 후원이나 연구 보조금을 받으려는 것과 관계있다. 그래서 FE대학과 지금은 일반대학교로 전환된 옛 종합기술전문대학에서 대다수 조교수의 휴가가 짧아지고 수업 규모가 대형화하고 노동시간이 길어지고 근무지가 도심 밖으로 밀려나고 고용이 불안정해지고 임금이 동결될 때, 최고위·관리자급 교수는 엘리트 계층의 일부가 돼 법인 차와 넓은 사무실을 지원받고, 강의하면서 부딪히는 일상적 문제도 거의 겪지 않는다.

이처럼 한편으로는 중간관리직이 전문화되고, 다른 한편으로는 그 인력 대다수의 처지가 악화되는 분화 과정이 진행되고 있다. 양극단의 사례를 살펴보면 '신중간계급'의 모순적 처지를 알 수 있다. 고위 관리자는 자본가 계급의 일부가 될 수 있(고 아주 흔히 그렇게 된)다. 브리티시가스의 은퇴한 악덕 사장 세드릭 브라운은 국영기업의 중간 관리자로 시작해 그곳의 경영자로 승진했고, 민영화를 통해 엄청나게 부유한 자본가 계급의 일원이 될 수 있었다. 스톡옵션, 막대한 연금, 개인 기사 등의 혜택은 물론이고 말이다. 반면에 주택금융조합■ 시내 중심가 지점의 관리자들은 밀려오는 '인원 삭감'과 '[경영] 합리화' 물결 속에서 정리 해고당했다. 이들은 기대했던 소위 '중간계급'적 혜택을 받기는커녕 장기 실업자 신세가 돼, 빈곤하고 불안정한 삶에 직면하고 있다.[16]

■ **주택금융조합** 영국에서 집을 사고 싶을 때 돈을 빌릴 수 있는 금융기관.

분명히 이들은 노동계급으로 밀려나는 압력을 받지만, 소수의 고위 간부는 자본가 계급에 공공연히 동조하거나 편입되기를 바라는 쪽으로 이끌린다.

그렇다고 해서 사회계층으로서의 '신중간계급'이 사라질 것이란 뜻은 아니다. 이것은 추세이지 완료된 과정이 아니다. 자본가 계급은 자신과 착취받는 노동자 사이를 조정할 두터운 중재자 계층이 필요하고 앞으로도 계속 그럴 것이다. 사실 자본주의 기업, 의료·교육·복지 체계 그리고 국가기구 자체를 순조롭게 운영하려면 복잡한 관리자 구조가 필요하다. 이는 사회를 이데올로기적으로 결속하기 위해서도 마찬가지다. 이를 위해 변호사, 교수, 신문 칼럼니스트, 방송국 관리자가 필요한 것이다. 이들 대다수는 여전히 체제에 상당한 이해관계가 있어서 체제를 위해 이데올로기적으로 헌신한다. 일부 개인은 체제에 불만을 품을 수 있겠지만 말이다.

여기서 주목해야 할 것은 중간층이 유동적이고 자본주의 사회에서 모순적 압력을 받는다는 점이다. 이런 설명이 '모순적 계급 위치'라는 [미국 사회학자 에릭 올린 라이트의] 개념을 수용하는 것보다 더 유용하다. '모순적 계급 위치'라는 개념에 따르면 '신중간계급'은 갈등하는 양대 계급의 특성을 둘 다 일정 부분 공유한다고 할 수 있다. 이런 개념은 양대 계급의 요소를 모두 갖고 있는 일종의 혼성적 계급을 연상시킨다. 그러나 중간계급은 상이한 압력에 노출되고 상이한 방향으로 이끌릴 수 있는 사람들의 층으로 보는 편이 낫다. 그 방향은 이런 압력이 얼마나 큰지, 각 개인이 양대 계급의 어느 한쪽과 더 가까운지에 달려 있다.[17]

중간계급의 정치적 태도는 이런 모순적 압력을 반영한다. 마르크스와 엥겔스는 옛[그들이 살던 시대의] 프티부르주아지가 서로 적대하는 두 계급 사이에서 동요하고 계급 세력 관계에 따라서 특정한 방향으로 이끌린다는 사실을 알았다. 엥겔스는 1848년 혁명 중에 프랑스 중간계급에 대해 다음과 같이 썼다.

> 프티부르주아지는 중재자 구실을 하려고 하지만, 아주 가련한 구실을 할 뿐이다. … 프티부르주아지와 그들의 임시정부는 매우 갈팡질팡한다. 모든 것이 잠잠해질수록 임시정부와 프티부르주아 정당은 거대 부르주아지 쪽으로 기울고, 반란이 커질수록 이들은 노동자의 편으로 돌아선다.[18]

비슷한 시기에 엥겔스는 프티부르주아지를 이렇게도 묘사했다. "더 부유한 계급에 편입되고자 하는 희망과 프롤레타리아나 심지어 극빈층으로 떨어질 수 있다는 공포 사이에서 영원히 동요한다. … 이 계급의 태도는 극심하게 오락가락한다."[19] 엥겔스는 이런 관점을 바꾸지 않았고, 이는 1886년 마르크스의 딸 라우라에게 쓴 편지에서도 확인할 수 있다.

(집단으로서) 프티부르주아지는 양대 계급 사이에서 우유부단하게 떠돌다가, 일부는 자본의 집중으로, 나머지는 프롤레타리아의 승리로 분쇄될 운명일 것이다.[20]

프티부르주아지는 하나의 계급으로서 독립성이 없기 때문에 이렇게 정치적으로 동요한다. 오늘날에도 이 점은 여전해서, '신중간계급' 집단은 (일자리 불안, 환경 파괴, 복지 삭감 등) 자본주의가 낳은 최악의 폐해를 증오하지만, 그와 동시에 자본주의를 반대하는 행동이 가져올 결과를 두려워한다.

트로츠키도 1920년대와 1930년대 파시즘의 위협에 대해 쓰면서 비슷한 주장을 했다. 당시 중간계급은 양차 대전 사이 유럽의 경제 위기로 이전의 모든 것이 불확실해진 상태였다. 트로츠키는 이런 중간계급이 사회주의 정치로 당겨질 가능성만큼이나 반동적 파시스트 정치로 당겨질 가능성도 똑같이 있다고 봤다. 트로츠키가 보기에 핵심은 중간계급이 양대 계급 중 더 단호한 계급을 따른다는 것이었다. 자본가 계급이 자신의 권력으로 노동자를 공격해 노동자의 조건을 악화시킴으로써 자신의 문제를 해결한다면, 중간계급 집단의 지지를 얻을 수 있을 것이다. 반면, 노동운동이 인류의 여러 문제를 해결할 수 있음을 보여 준다면, 사회의 중간층을 정치적으로 이끌 수 있을 것이다. 중간계급의 다수는 인플레이션, 실업, 생활수준 압박을

끝내는 데 노동계급과 비슷한 이해관계가 있었기 때문이다.[21]

그러나 그때나 지금이나 중간계급이 자동적으로 노동계급에 일체감을 느끼는 것은 아니다. 중간계급은 [노동계급과는] 처지가 다르기 때문에, 중간계급의 많은 이가 위기에서 벗어날 개별적 방법이 있을 거라는 희망을 품는다(그런 희망이 아무리 몽상적이더라도 말이다). 이들은 승진을 꿈꾸거나, 작은 사업을 시작하거나, '무한 경쟁'에서 벗어나 귀농하는 등의 전망을 매력적으로 느낀다. 또 이런 태도는 대체로 더 반동적이거나 개인주의적인 관점을 강화할 것이다. 기본적으로 중간계급은 보수당에 투표할 가능성이 훨씬 높다.[22] 육체 노동자와 하위 화이트칼라 노동자의 80퍼센트가 저임금층을 위한 소득정책을 지지하는 반면, 전문직·관리직에서는 그 비율이 60퍼센트까지 떨어진다. 또 다른 연구를 보면, 전문직·관리직·사용자의 약 45퍼센트가 소득과 부를 '노동하는 평범한 사람'에게 재분배하는 것을 지지한 반면, 육체·비육체 하위직에서는 65~70퍼센트가 이를 지지했다.[23] 사회복지사업과 복지 수당을 매우 중요하게 본다고 답한 사람들의 비율도 계급에 따라 뚜렷하게 달라진다.[24] 개인의 권리에 대한 사람들의 태도를 분석한 조사를 보면, 중간계급 사람들은 사생활 권리 문제에 더 진보적이다. 흥미롭게도 두 가지 주요 문제(집 없는 사람이 주택을 보장받을 권리와 법정에서 진술을 거부할 권리)에 대해서는 노동계급 사람들이 훨

씬 더 진보적이다.[25]

압도 다수가 더 큰 고통을 받고 오직 극소수만이 이득을 보는 경제 위기의 여파로, 많은 중간계급 사람이 집단적 해결책과 좌파 정치로 더 이끌릴 수 있다. 그러나 이는 우리가 자본가 계급과 중간계급, 중간계급과 노동계급을 혼동하지 않고 중간계급이 직면하는 모순적 상황을 이해하는 올바른 분석을 발전시킬 때만 가능하다.

5장

노동계급의 혁명적 잠재력

어떻게 실현되는가?

아마도 계급을 논의할 때 가장 어려운 점은 객관적으로 존재하는 계급과 그 계급이 어떻게 혁명적 사상을 발전시켜서 혁명을 일으킬 수 있게 되는지를 연결하는 문제일 것이다. 현재 있는 그대로의 노동계급과 혁명을 일으키기 위해 변화해야 하는 노동계급 사이의 간극이 매우 커서, 그 둘을 서로 연결하는 것이 불가능해 보일 지경이다. 노동자는 원자화되고 분열돼 있다. 개별 노동자는 많은 시간을 더 넓은 사회로부터 떨어져 가족과 살아간다. 노동자는 인종·성·국적에 따라 나뉘고, 화이트칼라와 육체 노동자로 나뉜다. 노동자는 사업장별로도 나뉘는데, 사업장 규모, 노동과정, 조직 면에서 천차만별이다. 정치를 봐도 영국은 노동당이 노동자의 지지를 가장 많이 받는 정당이지만, 화이트칼라와 육체 노동자의 상당수가 보수당에 투표한다. 그리고 오늘날 많은 사람이 생각하는 자신의 계급 위치와 실제 그들이 처한 위치가 일치하지 않는다.

어떻게 노동자는 이런 혼란을 극복하고 하나의 계급으로 단결할 수 있을까? 애초에 노동계급이 그렇게 크고 강력하다면, 왜 이렇게 사회주의 사회는 요원해 보일까? 노동계급이 그리도 혁명적이라면, 왜 노동계급은 혁명을 일으키지 않을까?

자본주의 사회에서 노동자의 위치

앞에서 소득, 사고방식, [미래에 대한] 기대 등의 측면에서 계급 간의 주요한 차이를 살펴봤다. 이런 불평등은 노동자가 생산수단과 맺는 관계, 즉 노동자가 착취받는다는 사실의 직접적 결과다. 이 경제적 관계는 노동자의 삶 전체에 스며들어 있다. 노동자가 마주하는 사상, 즉 교육체계·언론·사회를 지배하는 일반 '상식'을 통해서 접하는 사상은 기본적으로 현재 상황을 용인한다. 지배자는 지배할 권리가 있고, 오로지 점진적 변화만 가능하고, 법은 만인에게 평등하다고 여겨진다. 마르크스와 엥겔스가 쓴 가장 유명한 구절 하나를 보자.

> 어느 시대나 지배계급의 사상이 지배적 사상이다. 즉, 지배계급은 사회를 지배하는 **물질적** 세력인 동시에 **정신적** 지배 세력이다. 물질적 생산수단을 지배하는 계급은 정신적 생산수단도 지배한다.[1]

사용자는 공장과 사무실을 소유할 뿐 아니라, 자신들의 사상이 지배적 사상이 되도록 유지하는 데도 최선을 다한다. 이런 사상이 마치 세상에서 가장 자연스러운 것인 양 전파되도록 전체 사회구조(교육체계·가족·국가기구·언론)가 설계된다. 그래서 우리는 일상적으로 지배자의 지배할 권리를 옹호하는 주장을 마주한다. 사장은 위험을 감수하고 더 열심히 일하기 때문에 많은 소득을 얻고 부유한 생활을 누리는 것이 마땅하다, 우리 모두를 하나로 묶는 '국익'이 있다, 사회를 근본적으로 바꾸려는 시도는 실패할 수밖에 없다 등등.

또 자본주의 착취 때문에 노동자는 소외를 겪는다. 노동자는 사회의 부를 생산하지만, 자신의 노동 생산물로부터 분리된다. 이 생산물은 노동자가 전혀 통제할 수 없는 낯선 것처럼 보인다. 그 결과 노동자는 단지 노동과정에서뿐 아니라 삶의 모든 측면에서 무력감을 느낀다.

> 프롤레타리아에게는 … 그들의 생활 조건과 노동조건, 그와 더불어 현대 사회가 존속하기 위한 조건 전반이 우연적인 것, 개인으로서는 통제할 수 없는 것이자 어떤 **사회적** 조직을 통해서도 통제할 수 없는 것이 됐다.[2]

게다가 노동자는 자신의 생산물을 시장에서 사고파는 상품으로 대면한다. 상품은 (노동자 착취라는) 사회적 관계의 결과물이지만, 마치 그 자체가 사회적 관계를 결정하는 사물인 것처럼 보인다. 노동자에게 상품은 마치 자신의 노동과 삶에서 동떨어진 것이고, 오직 시장을 통해서만 얻을 수 있는 것처럼 보인다. 노동자가 생산한 것과 노동자 자신의 노동력을 포함해 모든 것에 가격이 붙는다.

생산수단에서 배제되고 자신의 노동 생산물과 단절된 노동자가 노동을 삶의 가장 의미 있는 부분이 아니라 삶의 희생이라 보는 것은 당연하다. 은퇴 후의 목가적 삶을 위한 투자, 주말이나 금요일 밤에 대한 기대 같은 흔한 얘기를 들어 보면, 노동이 '진정한 삶'을 시작하려면 거쳐야 하는 끔찍한 현실로 여겨진다는 것을 알 수 있다. 그러나 노동자가 자신의 주변 세계에 대해 느끼는 소외와 통제 결여 때문에 여가도 소외의 지배를 받는다(시장과 상품화된 세계에서 탈출할 방법은 없다).

바로 이런 상황 때문에 노동자는 자신을 노동자가 아닌 다른 무엇으로 보는 것이다. 오늘날 노동자를 단순히 소비자로 보는 관점은 매우 흔하다. 큰 공장, 기업 도시, 거대한 노동계급 거주 단지, 축구 관람이나 야유회 같은 집단 여가 활동으로 형성된 집단적 정체성은 이미 사라졌다고 많은 사람이 주장한다. 이제 개인들은 자가용을 타고 따로 출근하고, 소규모 단위로 일하고, [소규모 공동체를 배경으로 하는 드라마] 브룩사이드에 나올

법한 작은 주택단지에서 살고, 영화 관람도 집에서 한다. 이들은 계급 위치가 아니라 무엇을 어떻게 소비하고 어떤 옷을 입는지로 자신을 규정한다.

> 1950년대 이후 노동시장은 갈수록 정체성의 주된 원천으로서 기능하지 못했다. 노동시장의 지배적 지위는 소비 시장으로 넘어갔다. 사람들은 더는 무엇을 하는지로 정의되지 않고, 무엇을 가지고 무엇을 소유하는지에 따라 정의된다. 아마도 이것이 어떤 사람들이 노동계급인지 중간계급인지 하는 질문이 의미가 없어진 이유일 것이다. 이제 우리가 볼 수 있는 것은 자신이 선택한 일을 하며, 사회적 지위에 묶인 이전 세대의 한계에서 벗어난 개인의 집합일 뿐이다.[3]

이 같은 설명에도 물론 중요한 부분적 진실이 담겨 있다. 대부분의 개인은 개인적 관계, 취미 등으로 자신을 규정하는 태도를 취한다. 이것은 새로운 현상이 아니다. 20세기 내내 노동계급의 문화적 풍속, 패션, 휴가는 모두 노동자의 삶에서 중요한 구실을 했다.

소비와 개성이 중시되는 것은 바로 노동자의 삶의 경험 때문이다. 일하는 시간을 전혀 통제하지 못하고, 어디서 어떻게 일할지 일에서 어떤 보람을 얻을지도 거의 통제하지 못한다면, 노동 이외의 모든 것을 매우 중요하게 생각할 수밖에 없다. 노동자가 삶의 모든 중요한 결정을 자신의 개성대로 내리지 못할 때, 명품 옷(또는 값싼 모조품)을 입고, 이웃과는 약간 다르게 집을 꾸미고, 해외로 휴가를 떠나는 것 따위가 훨씬 중요해진다. 노동자의 삶이 판에 박힌 듯 단조롭고 노동도 끔찍하다면, 가정을 꾸리고 가족을 얻는 것(특히 자신의 아이는 자신이 살아온 것보다 나은 삶을 살 수 있기를 바라는 것)이 삶의 중심이 된다.

문제는 노동의 세계에서 벗어나려는 이런 '탈출구'가 진정한 탈출구가 못 된다는 것이다. 이런 '탈출구'는 약간의 위안과 행복을 가져다주(고 자본주의 사회에서 이런 기본적인 것마저 허락받지 못한 이들은 보통 훨씬 불행해지)지만, 이것이 시장과 착취 체제의 대안이 되지는 못한다.

> 시장에 기초해 세워진 사회구조에서 개인들과 사회집단들이 맺는 관계는 협력하는 인간 사이의 교류처럼 직접적 방식으로 이뤄지지 않고, 시장을 통해 구매와 판매의 관계로 형성된다. 따라서 사회생활이 복잡하고 긴밀하게 서로 맞물리는 활동의 네트워크가 되고 그 속에서 사람들이 완전히 상호 의존할수록, 사람들은 더 원자화되고 사람들 간의 접촉은 서로를 가깝게 하는 것이 아니라 오히려 단절시킨다.[4]

그래서 가장 위안을 주는 듯한 삶의 측면이 사실은 반대 구실을 한다. 노동자가 자신의 개인적 재능이나 흥미를 색다른 방식으로 발산해 보려는 분야에서조차 시장이 작동해 그 분야를 집어삼키고 그 과정에서 '개인적'이거나 '색다른' 것을 죄다 없애 버린다.

> 일부 사람들이 개인적 활동이나 비전문적·'비주류적' 혁신을 통해서 자연·스포츠·예술을 접할 방식을 찾으려 하더라도, 자본은 매우 진취적이기 때문에 이런 활동은 가능한 한 빠르게 시장으로 통합된다.[5]

따라서 자신을 소비자로 규정하는 것은 노동자에게 결코 소외의 탈출구가 될 수 없다. 오히려 그것은 자신의 소외를 시인하는 것이자, 상품생산에 기반을 둔 세계에서 "지위는 많은 것을 만드는 능력이 아니라 그것을 구입하는 능력에서 비롯한다"는[6] 점을 인정하는 것이다. 상품을 구입할 수 있는 능력은 노동자의 삶에서 중요할 수 있다. 특히 실업자나 연금 생활자같이 사실상 상품을 구입할 능력이 없는 이들이 자본주의 사회의 가장 밑바닥에 있기 때문이다. 그러나 노동자가 자신을 집단의 일부로 보기 시작할수록 이런 능력의 중요성은 줄어든다. 노동자가 원자화된 자신의 삶을 극복하려고 행동할수록(다시 말해 집단적 투쟁에 참여할수록), 옷이나 자동차 따위를 중시하던 바로 그들이 집단적 행동을 더 중요하게 여기기 시작한다.

노동자가 처한 상황을 보면, 노동자는 새로운 사회를 조직할 수 있기는커녕 하나의 계급으로서 자신의 종속된 처지를 극복하는 것도 극도로 어려워 보일 수 있다. 예를 들어, 영국과 프랑스에서 옛 봉건 경제를 무너뜨리고 현대 자본주의 국가를 수립한 당시의 신흥 자본가 계급(부르주아지)과 현재의 노동계급은 매우 다르다. 당시 부르주아지는 옛 봉건사회 내부에서 소수파 계급으로서 자신을 발전시킬 수 있었다. 부르주아지는 도시를 근거지로 삼아 자신의 산업을 발전시키고 자신의 학교와 대학을 설립하고 심지어 자신의 종교까지 만들었다. 그래서 부르주아지는 부와 권력을 쌓아 혁명을 일으키고 지배를 확립할 수 있었다.

오늘날 노동계급은 그와 비슷한 계급 기관을 자본주의 사회 내부에 만들 수 없다. 노동계급은 어떤 자산[생산수단]도 소유하지 못하고, 사회의 부를 생산하는 능력을 제외하면 아무 권력도 없다. 오직 자신의 유일한 힘을 자각(해 생산수단을 장악하고 낡은 자본주의 국가를 파괴)할 때만, 노동계급은 사회주의 혁명을 성공시킬 수 있다. 이는 오직 집단적으로만 가능하다. 노동계급은 집단적으로 생산하고 일하기 때문이다. 오직 혁명의 과정에서만 노동계급은 원자화와 소외를 극복하고 완전히 의식적인 계급으로 거듭날 수 있다.

> 이런 공산주의 의식이 대규모로 확산되고 공산주의의 목적 자체가 실현되려면, 대대적 규모로 인간 자신이 변해야 하며, 이런 대규모 변화는 오직 실천적 운동, 즉 혁명을 통해서만 일어난다. 그러므로 이 혁명은 필수적이다. 지배계급을 전복할 다른 방법이 없을 뿐 아니라 지배계급을 전복하는 계급이 오직 혁명을 통해서만 낡은 사회의 오물을 털고 새 사회를 건설하기에 적합한 존재가 될 수 있기 때문이다.[7]

위 구절은 마르크스가 노동계급을 즉자적 계급과 대자적 계급으로 구별하면서 쓴 것이다.[8] 여기서 마르크스가 주장한 것은, 객관적으로 노동계급은 하나의 계급으로 존재하지만 계급의식을 얻기 위해서는 투쟁하는 방법과 자신만의 사상을 발전시키는 방법을 배워야 한다는 것이다. 오직 노동계급의 투쟁과 사상이 노동자 혁명이 가능한 수준에 올랐을 때만, 노동계급은 완전히 의식적인 계급이 될 수 있다.

물론 갈 길은 멀다. 체제의 많은 부분을 수용하다가 갑자기 체제를 완전히 반대하는 쪽으로 직행하는 노동자는 드물다. 노동자가 벌이는 매일의 투쟁이, 계급투쟁의 학교가 되고 노동자가 자신의 사상과 활동을 더 높은 수준으로 발전시키는 데 도움이 된다. 마르크스는 경제투쟁과 정치투쟁의 관련성에 대해 다음과 같이 말했다.

> 특정 공장, 심지어 특정 업종에서 파업 등을 벌여 개별 자본가에게 노동시간 단축을 강요하려는 노력은 순전히 경제적 운동이다. 반면, 8시간 **노동법** 제정을 강제하려는 운동은 **정치적** 운동이다. 이런 식으로 노동자들의 개별 경제적 운동이 있는 곳이라면 어디서나 **정치적** 운동이 성장한다. 여기서 정치적 운동이란 일반화한 형태로, 즉 일반적이고 사회적 강제력을 발휘하는 형태로 계급의 이익을 강제하려는 **계급** 운동을 뜻한다. 이런 운동을 조직하려면 일정 수준의 조직이 필요하지만, 동시에 이 운동 자체가 그런 조직을 성장시키는 수단이기도 하다.[9]

여기서 핵심은 노동자가 투쟁 속에서 자신의 사상을 바꾸고 발전시킨다는 것이다. 핼 드레이퍼는 다음과 같이 썼다. "노동계급은 조직되지 않을 때 **원자화**된다. 계급 조직이 계급성을 발현시킨다. 조직 수준이 높아짐에 따라 계급성이 개인적 반응보다 갈수록 우선하게 되고 계급과의 일체감이 더 커진다."[10]

조직은 투쟁 속에서 만들어진다. 계급투쟁은 노동자의 일상적 삶의 일부이고 노동자의 일상적 경험에서 나온다. 노동강도 강화, 복지 삭감, 대중교통 악화, 세금 증가 등(이런 방식으로 지배계급은 노동자를 희생시켜 생산된 잉여에서 더 많은 몫을 뽑아내려 한다)이 모두 계급투쟁의 쟁점이 된다. 이런 경험 때문에 많은 노동자가 적어도 어느 정도는 자신이 노동자이고 착취받는다는 점을 인지한다. 체제에 뭔가 문제가 있고, 노동조건이 너무 가혹하고, 임금은 들어오자마자 사라지는 것 같다. 그러나 이런 자각은 흔히 아무것도 할 수 없다는 무력감과 결합된다.

노동조합 조직은 이런 결합된 생각의 반영이다. 노동조합은 세상이 크게 잘못됐고 노동자가 이 잘못된 세상의 피해자임을 자각하지만 근본적 변화는 가능하지 않다는 생각의 산물이다.

노동조합과 투쟁

노동조합 그 자체가 바로 노동자 투쟁의 산물이다. 노동조합이 사용자와 그 하수인의 방해 없이 설립되는 일은 드물었다. 영국에서 노동조합의 기원은 약 200년 전으로 거슬러 올라간다. 산업혁명이 이전의 모든 것을 휩쓸어 가던 시기에, 노동조합은 탄압과 폭력 속에서 불법적으로 결성됐다. 노동조합을 조직(하거나 불법 서약서에 맹세■)한 이들은 감옥에 갇히고, 괴롭힘을 당하고, 심지어 유배됐다. 그럼에도 새로운 노동계급이 끊임없이

■ 단결금지법으로 탄압받던 당시 영국의 노동조합에서는 조합원이 가입할 때 비밀 유지와 충성 서약을 포함한 복잡한 입회식을 거치는 것이 관례였다.

노동조합에 가입했다. 차티스트운동을 중심으로 노동계급의 조직된 운동이 처음 일어나고 1842년 섬유산업 지구와 다른 여러 곳에서 첫 총파업이 발생하면서, 노동조합운동이 크게 전진했다.

투쟁적이지 않고 미숙하고 심지어 조직될 수 없다고까지 여겨지던 노동자들이 스스로를 조직해 사용자의 공격을 막는 일이 반복됐다. 오늘날 영국에서는 오래되고 전통적으로 잘 조직된 노동자 집단(예를 들면 광원과 부두 노동자)이 쇠퇴했지만, 그것이 노동조합 조직의 끝을 의미하는 것은 아니다. 그 대신에 새로운 노동자 집단이 투지를 키우고 전통을 발전시켰다. 이제 우편·공무원·은행·상점 노동자의 다수가 조합원이고 적어도 일부 파업 행동에서 경험을 쌓았을 것이다. 1970~1990년대에 새로운 부문에서 노동조합 조직이 성장하고 몇몇 전통 산업이 급격히 쇠퇴하면서, 세간의 인식이 극적으로 바뀌었다. 예컨대, 오늘날 [영국의] 조직노동자 운동을 잘 아는 사람은 대부분 우편 노동자를 가장 투쟁적이고 강력한 노동자 집단의 하나로 인식한다. 그들이 우체국 경영진에 맞서 여러 투쟁을 벌이며 조직을 건설했기 때문이다. 반면 인쇄 노동자 노동조합은 전통적으로 강력했지만 지금은 쇠퇴했다. 1970년대 초까지만 해도 상황은 완전히 반대였다. 인쇄 노동자는 가장 강력한 조직노동자 부문에 속했고, 우체국 노동자는 1971년 전국 파업이 크게 패배하면서 훨씬 약한 조직으로 여겨졌다.

비슷한 상황은 이전에도 있었다. 1880년대 말 '신노동조합운동'이 런던 이스트엔드를 중심으로 폭발적 성장을 했다(당시 이스트엔드는 하나의 거대한 '언더클래스' [지역]이라고 여겨질 정도였다). 그 성장의 원동력은 (부두 노동자, 단기 계약 가스 노동자, 성냥 공장 노동자 같은) 미숙련 노동자였고 가장 전투적인 노동조합 활동가의 다수는 여성과 아일랜드 이주민이었다. 1889년 가스노동조합을 설립한 윌 손은 자신의 경험을 다음과 같이 적었다. "노동조합 가입은 유행이었다. 모두 열정이 넘쳤고, 2주 만에 3000명이 넘는 노동자가 노조에 가입했다. 그 전까지는 노조가 이렇게 환영받은 적이 없었다. 몇 달 동안 런던이 [노동자의 열기로] 이글거렸다."[11]

파업 투쟁으로 노동조합이 건설되고, 영국 산업 내부에 거대 일반노조가 설립되는 초석이 놓였다. 그 이후에 영국 노동계급의 역사에서 일어난 격변도 비슷한 효과를 냈다. 1910~1914년 '노동자 대투쟁' 시기를 겪으며 철도 노동자와 광원 같은 집단이 강력해졌고 이들은 사측과 국가에 맞서 싸울 수 있었다. 1930년대에도 새로운 산업에서 투쟁이 벌어져 노동권과 노동조합을 쟁취했다. 이 새로운 산업에 종사하는 노동자의 다수는 특별한 정치적 전통이 없었다(그들은 이전에는 가정부로 일했을 여성 노동자거나 더는 시골에서 생계를 꾸릴 수 없는 농업 노동자였다). 그들은 조직에 대한 지식도 전통도 없었다. 전통적으로 잘 조직된 지역에서 온 이들(특히 코번트리나 옥스퍼드로 일하러 온 전직 광원)은 노동조합을 건설하거나 사업장에서 정치 토론을 하려고 노력하다 처음에는 고립됐다. 그러나 1930년대를 거치면서 이들의 다수가 사업장의 전투적 부위로 탈바꿈했다. 다음은 1938년 옥스퍼드의 프레스드스틸[차체 제조 회사] 공장에서 노동조합 지부장이 해고당했을 때 일어난 일이다.

> 노동자들은 한쪽 끝에서 다른 쪽 끝까지 공장을 가로질러 행진했다. … 프레스 공장에서 집회가 열렸고, 노동자들이 빽빽이 들어찼다. 속기사, 타자수 등이 다들 기계 위에 올라앉아 프레스 위에 올라선 지도부가 하는 말을 받아썼다. 그리고 노동자들은 기계를 뒤집고 차체를 뒤집었다. 그렇게 [투쟁이] 분출했다.[12]

그렇게 새롭고 미숙하고 약한 노동자 집단이 투쟁 과정에서 전투적이고 강력하고 경험 있는 노동자가 됐다. 이 점을 강조하는 것이 중요하다. "우리는 부두 노동자처럼 강력한 집단이 아니야" 또는 "내가 일하는 곳의 노동자는 광원들처럼 강력한 힘이 없어" 같은 주장이 요즘 만연하기 때문이다. 노동계급의 힘은 절대적인 것이 아니다. 노동자가 행동하는 과정에서 형성되고 발전하는 것이다. 시간제 노동자와 여성 노동자가 많이 포함된 아일랜드 던스스토어[대형 마트] 노동자들의 파업이 승리한 것은 전통적으로 약한 노동자 집단도 힘을 키울 수 있음을 보여 줬다. 이 파업은 아일랜드 노동조합운동에 큰 영향을 줬다.

> 지난해[1995년 — 지은이] 조합원이 가장 많이 증가한 노조는 맨데이트Mandate로,■ 2088명이 새로 가입했고 그중 1508명이 여성이다. 이는 주로 던스스토어 노동자 파업에서 영향을 받은 결과였다. 올해[1996년]도 비슷했다. 지난 두 달간의 노동쟁의 기간 동안 아일랜드간호사노동조합INO의 조합원은 3000명 가까이 증가했다. 여기서도 새 조합원의 압도 다수는 여성이었다.[13]

■ **맨데이트** 아일랜드의 판매직, 유통업, 행정직 노동자들의 노동조합.

그와 동시에 전통적으로 강력하다고 여겨지던 노동자 집단이 자신의 잠재된 힘을 사용하지 못하고 패배할 수 있다. 1980년대 [영국에서] 그런 투쟁들이 있었다. 1980년 철강 노동자 파업, 1986년 와핑 인쇄 노동자 파업, 1992~1993년 광원노조NUM의 탄광 폐쇄 반대 운동이 그랬다. 노동자가 투쟁에 나서는지, 그 투쟁에서 어떻게 싸우는지를 보면, 노동자가 얼마나 단단하고 강력해졌는지, 새로운 투쟁을 통해 노동자의 의식이 얼마나 발전하는지를 파악하는 데 도움이 된다.

물론 일부 노동자 집단이 다른 집단보다 더 분명하고 직접적인 힘을 가진 것은 사실이다. 인쇄 노동자가 몇 시간 파업을 하면 사용자에게 막대한 수익 손실과 광고 피해를 입힐 수 있다. 전력 노동자는 매우 소수의 행동만으로도 전체 산업을 마비시킬 잠재력이 있다. 그러나 은행 노동자도 세인즈버리스[대형 마트] 노동자처럼 사용자의 이윤에 빠르게 타격을 줄 수 있다. 특정 자본가를 위해 직접 이윤을 생산하지 않는 노동자도 지배자가 떠드는 것보다 더 큰 경제적·사회적 힘을 갖고 있다. 예컨대, [국가에 고용된] 교사와 의료 노동자처럼 잉여가치 생산에 간접적으로 기여하는 노동자도 경제적 영향을 줄 수 있다. 그 효과가 아주 빠르게 나타나지는 않더라도 말이다. 지배계급은 일반적으로 거의 모든 종류의 파업을 두려워한다. 이는 단지 경제적 이유만이 아니라 파업이 사회적 안정을 위협하기 때문이다. 예컨대 지배계급이 보기에, 실업수당을 지급하는 고용 센터에서 일하는 노동자들이 파업하도록 내버려 두는 것은 그 파업이 낳을 사회적 파장을 고려했을 때 너무 손실이 크다.

1990년대 초반에 영국의 투쟁 수준이 전반적으로 낮았기 때문에, 노동자에게 힘이 없다는 관점이 더욱 우세해졌다. 그러나 명백한 것은 심지어 부분적 투쟁에 참여한 노동자조차 그 전에는 불가능해 보였던 힘을 발휘하기 시작한다는 사실이다. 예컨대 교사와 간호사는 행동에 나선 덕분에, 그들의 노동조건과 노동조합 활동을 중요한 정치 쟁점으로 만들고, 전투성과 의식을 이전보다 훨씬 발전시켰다.

그러나 이런 의식의 변화에는 필연적으로 한계가 있다. 이는 부분적으로 노동조합 투쟁 자체의 본질 때문이다. 독일의 혁명가 로자 룩셈부르크는 노동조합 투쟁을 '시시포스의 노동'이라고 표현했다. 시시포스는 그리스신화에 나오는 인물로 끝없이 바위를 언덕으로 밀어 올려야 하는 운명을 지니고 있다. 그가 바위를 거의 정상에 올리는 순간 바위는 다시 아래로 굴러떨어져, 같은 일을 다시 시작해야 했다. 자본주의 사회에서 노동조합 투쟁은 본질적으로 방어적이기 때문에 같은 과정이 계속 일어난다. 노동자는 전진하지만 이 방식으로 체제 자체를 전복할 수는 없기 때문에 노동자가 따낸 이득은 끊임없이 사용자에게 공격받는 것이다.

노동조합 지도자의 구실은 이 과정에 적합하다. 노동조합 지도자는 자신이 본질적으로 자본과 노동 사이에서 균형을 유지하고 있다고 본다(그들은 조합원의 조건을 개선하려 하지만, 동시에 투쟁이 '너무 나아가서' 자본주의 사회의 전체 기반을 흔들까 봐 두려워한다). 노동조합 지도자는 자본주의가 확장되는 시기를 선호한다. 이 시기에는 임금을 약간 올리거나 작업 일수를 줄이라는 등의 요구를 체제가 감당할 수 있을 것 같기 때문이다. 위기의 시기가 되면 그들은 혼란에 빠지고 같은 요구가 특정 상황에서는 자본주의의 미래 전체를 위협할 수 있다는 것을 깨닫는다. 마찬가지로, 조합원이 원하고 자신도 소리 높여 요구했던 개혁을 이룰 수 없다는 것도 깨닫는다.

바로 이 때문에 노동조합 지도자는 체제에 대한 투쟁과 타협 사이에서 갈팡질팡하는 것이다. 많은 조합원은 이런 타협을 자신들이 통제하지 못하는 체제에서 얻어 낼 수 있는 최선이라고 받아들인다. 따라서 투쟁은 의식을 변화시키지만, 그것이 꼭 사회를 혁명적으로 전복할 필요성을 이해하는 수준으로까지 나아가는 것은 아니다.

노동계급 내의 불균등성은 자본주의 자체의 산물이다. 자본가는 노동자를 온갖 수단으로 분열시키고 서로 다르다고 믿게 만든다. 노동자의 경험도 직업·사업장·출신별로 매우 다르다. 이런 불균등성은 투쟁을 통해 많이 극복되지만 결코 모두 사라지진 않는다. 그래서 노동자 정당이 필요한 것이다.

정당과 계급

노동계급에게는 자신의 혁명적 잠재력과 실제 처지 사이의 모순을 극복하게 할 혁명적 정당이 필요하다. 이 모순을 극복하려면 의식적 투쟁이 필요하다. 이 투쟁을 수행하는 조직된 소수는 훨씬 많은 노동자를 자신의 대오로 획득하려 하면서도,

노동조합 지도자나 개혁주의 정당에 여전히 조금이라도 영향을 받는 노동자에게도 지도를 제공하려고 노력해야 한다. 또 모든 혁명적 정당은, 역사적으로 운동의 발목을 잡아 온 종류의 노동자 조직이 되는 위험을 피해야 한다. 즉, 노동계급 운동을 대리하려 드는 정당이 될 위험을 피해야 하고, 혁명적 정당을 전체 노동계급을 대표하는 당으로 여기는 위험도 피해야 한다.

첫째 위험을 잘 보여 주는 사례는 단순히 '노동자 정당'이라고 선언하기만 하면 실제로 노동자 정당이 될 것이라고 믿고 '올바른' 강령만 채택하면 결국 노동계급(또는 적어도 노동계급의 '전위')이 자신의 깃발 아래로 모일 것이라 믿는 조직이다. 그런 조직의 대다수는 일개 종파 이상으로 커지거나 영향을 미치지 못했고, 정작 투쟁이 일어났을 때 자신들의 정치가 옳았음이 입증되기는커녕 그 투쟁의 주변부에 머물러 있었다.

둘째 종류의 정당, 즉 노동계급 전체를 대표하려는 정당은 거의 언제나 영국 노동당 모델이다. 이런 정당은 투쟁과 의식의 문제를 상당 부분 당으로 사람들을 조직하는 문제로 여기며 무시하고, 기존 사회 기관을 인수해 노동자를 대리하여 운영하는 데 가장 많은 관심을 쏟는다. 따라서 이들은 자신들의 정치를 [계급 전체의] 최소공통분모에서 끌어낸다. 이들에게 노동자의 의식은 [개입해야 하는 것이 아니라] 그냥 주어지는 것이다. 이런 관점으로 보면 노동계급 운동 안에는 인종차별주의자와 여성차별주의자가 항상 존재할 것이므로, 당이 모든 노동자를 대표하려면 [이런 후진적 관점을 포함해] 모든 관점을 망라해야 한다. 현실에서 이런 방식은 그런 정당 내부의 가장 계급의식적이고 혁명적인 노동자를 무력화하고, 당 기구들과 조직을 기회주의와 타협에 물들게 한다.

진정한 혁명적 정당은 위 두 모델 모두와 매우 날카롭게 단절해야 한다. 혁명적 정당은 노동계급 운동에 뿌리내리고, 노동계급의 가장 선진적인 부위와 유기적으로 연결돼야 한다. 이 말은 혁명적 정당이 노동계급 운동의 기억이 돼야 한다는 뜻이기도 하다. 프란츠 야쿠보프스키는 다음과 같이 썼다.

> 계급 전체는 자신의 임무를 오직 투쟁 속에서 자각하지만, 계급의 일부인 정당은 이전 투쟁의 경험을 통해 이미 나아갈 방향을 안다.[14]

혁명적 정당의 임무 하나는 노동계급 운동 내부에서 논쟁하고 토론해서 운동의 전통, 과거 패배의 교훈, 운동에서 발전시킨 이론과 사상을 전하는 것이다. 그러나 동시에 혁명적 정당은 계급에게 배워야 한다. 노동계급 운동은 끊임없이 발전하고, 새로운 형태의 조직과 투쟁을 만들어 내고, 위기를 타개할 새로운 방법을 찾아내기 때문이다. 이런 측면에서 보면, 혁명적 정당은 종종 노동계급에 앞서지 못하고, 가장 계급의식적인 부위보다 뒤처질 수도 있다. 혁명이나 대중 파업이 분출할 때, 이전까지 수동적이던 노동자가 신속하게 행동에 나서고 혁명적 사회주의자들이 그들의 행동에 깜짝 놀라곤 했던 지난 경험들을 보면 이를 잘 알 수 있다. 이런 시기에는 수많은 노동자가 개혁이 막다른 골목으로 이어진다는 것을 인식하고 체제를 혁명적으로 전복하는 쪽으로 나아갈 수 있다. 이런 상황에서 노동자들은 자신들의 조직을 구성해 스스로 사회를 운영하기 시작한다. 노동자 평의회 설립은 노동자들이 노동자 권력을 수립하는 과정에서 나타나는 노동자 혁명의 특성이다. 그래서 레닌이 1905년 러시아 혁명 중에 노동계급은 본능적으로 사회민주주의적(레닌은 이 단어를 혁명적이라는 의미로 사용했다)이라고 쓴 것이다.

혁명적 정당과 계급의 관계는 다음과 같이 정리할 수 있을 것이다. "혁명적 정당은 계급의식의 산물인 동시에 생산자다."[15]

따라서 혁명적 정당은 노동자의 일상적 투쟁에 뿌리내리면서, 동시에 이런 투쟁을 통해 사상을 일반화하고 발전시키려 한다. 이 두 활동이 끊임없이 상호작용할 때만, 혁명적 정당은 노동자 투쟁이 발전했을 때 그 투쟁을 지도할 수 있으며 노동자들에게 제한적 방어전을 넘어 자본주의에 맞선 더 전면적인 공격에 나서도록 도움을 줄 수 있다. 그리고 이 과정 속에서만 노동자는 의식적이 되고, 자신을 그저 노동력을 상품으로 파는 역사의 객체로만 보는 게 아니라 역사를 바꾸기 위해 행동할 수 있는 존재로 보게 된다.

계급은 생산수단과 맺는 역동적 관계이기 때문에 노동자들은 바로 이런 투쟁 과정에서 하나의 계급으로 결집할 수 있다. 그때 모든 개인주의·차이·분리가 극복되기 시작하고, 노동자는 자신만의 집단적 힘을 자각할 것이다.

현대 자본주의는 갈수록 더 거대해지는 노동계급을 만들어냈고, 삶의 모든 영역과 세계 곳곳으로 시장을 넓혔으며, 경제위기를 심화시켰다. 그에 따라 노동자들은 점점 투쟁으로 내몰리고, 그러면서 자신의 힘을 자각하기 시작한다. 국제적으로 지배계급은 자신의 이윤을 보호하고자 노동자의 생활수준을 공격하려 한다. 이에 맞선 중요한 전투가 다가오고 있다. 이 전투로 더 많은 노동자가 체제에 맞서 싸울 필요성을 자각하고, 혁명을 일으킬 잠재력이 있는 계급으로서 자신이 해야 할 구실을 깨닫게 될 것이다.

후주

1장 계급에 대한 이해와 오해: 사회학의 계급·계층론 비판

1 *The Social Context of British Politics*, David Coates (London 1984), pp 101~103.

2 *Social Trends 24*, HMSO (London 1994), p 117.

3 *Financial Times* (London, 25~26 February 1995).

4 *Social Trends 24*, HMSO (London 1994), p 85.

5 *Social Trends 21*, HMSO (London 1991), p 180.

6 *Social Trends 25*, HMSO (London 1995), pp 220~221.

7 *Social Trends 21*, HMSO (London 1991), p 96에서 인용한 The General Household Survey.

8 *Social Trends 21*, HMSO (London 1991), p 95. 이 수치에는 연금 자산과 주택 가치는 포함되지 않는다.

9 *Class in a Capitalist Society*, John Westergaard and Henrietta Resler (London 1975), p 41 참고.

10 같은 책, p 114.

11 같은 책, p 299.

12 *Two Nations? The Inheritance of Poverty and Affluence*, Paul Johnson and Howard Reed, The Institute for Fiscal Studies (London 1996), p 10.

13 *The Observer* (London 14 April 1996).

14 *Social Trends 24*, HMSO (London 1994), p 172.

15 *The Age of Extremes*, Eric Hobsbawm (London 1994), p 307[국역: 《극단의 시대》, 까치, 1997].

16 예컨대, 1992년에 등록돼 있는 승용차와 소형 승합차 2230만대 중 170만대가 신차였다. *Social Trends 24*, HMSO (London 1994), p 171.

17 *The Communist Manifesto*, Karl Marx and Frederick Engels (Tirana 1981), p 26[국역: 《공산당 선언》, 여러 판본이 있다].

18 *The German Ideology*, Karl Marx and Frederick Engels (London 1965), p 45[국역: 《독일 이데올로기》, 여러 판본이 있다].

19 *The Communist Manifesto*, 앞의 책, p 27.

20 같은 책, p 39.

21 *The Class Struggle in the Ancient Greek World*, G E M de Ste Croix (London 1981), p 43.

22 "The Holy Family", *Collected Works vol IV*, Karl Marx and Frederick Engels (London), p 37.

23 *The Making of the English Working Class*, E P Thompson (London 1968), pp 8~9[국역: 《영국 노동계급의 형성》, 창비, 2000].

24 "The Poverty of Philosophy", *Collected Works vol VI*, Karl Marx, pp 210~211[국역: "철학의 빈곤", 《경제학·철학초고 / 자본론 / 공산당선언 / 철학의 빈곤》, 동서문화동판, 2016].

25 이런 생각은 과거 공산당과 연계된 역사가와 저술가 사이에 흔하다. Eric Hobsbawm, *The Forward March of Labour Halted*, Ed Martin Jacques and Francis Mulhern (London 1981) 참고.

26 *Capital vol III*, Karl Marx (London 1974), p 885[국역: 《자본론 3》, 비봉출판사, 2015].

2장 노동계급, 누구이고 어떻게 변해 왔나?

1 *Talking Work: An Oral History*, Trevor Blackwell and Jeremy Seabrook (London 1996), p 208.

2 이런 의견을 제시해 준 알렉스 캘리니코스에게 감사한다.

3 *Talking Work*, 앞의 책, p 150.

4 *The Age of Extremes*, Eric Hobsbawm (London 1994), p 303.

5 *Industry and Empire*, Eric Hobsbawm (London 1969), p 110.

6 같은 책, p 109.

7 같은 책, p 116.

8 *Capitalism, Culture and Decline in Britain*, WD Rubinstein (London 1993), p 32.

9 *Industry and Empire*, p 154에서 '육체 노동자 계층'을 77퍼센트로 보는 조사 결과 참고.

10 같은 책, p 195.

11 "Women's work in 19th century London", Sally Alexander, *The Rights and Wrongs of Women*, Ed Juliet Mitchell and Ann Oakley (London 1976), pp 59~111 참고.

12 *Britain in the 1930s*, Noreen Branson and Margot Heinemann (London 1973), pp 126~129.

13 *Industry and Empire*, 앞의 책, p 218.

14 *Labour and Monopoly Capital*, Harry Braverman (London 1974), p 239[국역: 《노동과 독점자본》, 까치, 1998].

15 *Capitalism, Culture and Decline in Britain*, WD Rubinstein, p 33.

16 *Labour Market Trends* (London March 1996), p 111.

17 *The Age of Extremes*, 앞의 책, p 304.

18 *Labour and Monopoly Capital*, 앞의 책, p 360.

19 "The Family wage", Michele Barrett and Mary McIntosh, *The Changing*

Experience of Women, Ed Whitelegg (Oxford 1982), p 74.

20 *Wives and Mothers in Victorian Industry*, Margaret Hewitt (London 1958), pp 63~64에서 인용.

21 *Labour Market Trends* (London March 1996), p 111.

22 *The Dynamics of Work place Unionism*, Ralph Darlington (London 1994), p 8.

23 *Labour Market Trends* (London March 1996), p 110.

24 *Social Trends 26* (London 1996), p 88.

25 같은 책, p 90.

26 같은 책, p 90.

27 *Financial Times* (London 8 March 1996), p 11에서 인용한 Business Strategies의 조사 결과.

28 *Financial Times*, 같은 글.

29 *Financial Times*, 같은 글.

30 *Social Trends 25* (London 1995), p 76.

31 같은 책, p 68.

32 *The Economist* (London 5 March 1994).

33 *Sex, Class and Socialism*, Lindsey German (London 1994), p 106에서 인용한 수치[국역: 《여성과 마르크스주의》, 책갈피, 2007].

34 *Social Trends 25*, 앞의 책, p 69.

35 같은 책, p 69.

36 *About Time*, Patricia Hewitt (London 1993), p 15.

37 *Labour Market Trends*, 앞의 책, p 97.

38 *Flexible labour? Employment and training in new service industries*, Kevin Doogan (University of Bristol 1992), p 23.

39 이에 대한 세부 사항은 *Women and Employment: A Lifetime Perspective*, J Martin and C Roberts, HMSO (London 1984) 참고.

40 *Labour and Monopoly Capital*, Harry Braverman (London 1974), p 260에서 인용한 *The Genesis of Modern Management*, Sidney Pollard (Cambndge Mass 1965), pp 137~139, 153~155.

41 *Labour and Monopoly Capital*, 같은 책, p 295.

42 *Labour and Monopoly Capital*, 같은 책, p 297.

43 *Social Trends 25*, 앞의 책, pp 86~87.

44 *Labour Market Trends*, 앞의 책, p 546.

45 *Social Trends 25*, 앞의 책, p 74.

46 같은 책, p 74.

47 *Talking Work: An Oral History*, Trevor Blackwell and Jeremy Seabrook (London 1996), p 29.

48 *Labour's Turning Point*, Eric Hobsbawm (Brighton 1974) pp xvii~xviii.

49 *Capital vol I*, Karl Marx (London 1974), pp 393~399[국역: 《자본론 1》, 비봉출판사, 2015].

50 *Talking Work*, 앞의 책, p 94.

51 예를 들어, *The First Shop Stewards Movement*, James Hinton (London 1973), *Labour's Turning Point*, Hobsbawm, 앞의 책 참고.

52 *The Dynamics of Work place Unionism*, Ralph Darlington (London 1994), p 139에서 인용.

53 *Households Below Average Income 1979~1992*, HMSO (London 1995), p 20.

54 *Class: Where Do You Stand?*, Greg Hadfield and Mark Skipworth (London 1994), pp 88~89.

55 *Social Trends 25*, 앞의 책, p 151.

56 *The Culture of Contentment*, J K Galbraith (London 1992) 참고.

57 "Tory Choice that hits the Poorest", Christopher Huhne, *Independent on Sunday*, (London 4 July 1993).

58 *The 'Underclass' Debate*, Michael Katz (Oxford 1993), p 7에서 인용.

59 *Who Gets What?*, John Westergaard (Cambridge 1995), pp 116~117.

60 *The Culture of Contentment*, 앞의 책, p 31.

61 *Out of poverty towards prosperity*, NUCPS and Low Pay Unit (London 1995), p 8에서 Low Pay Unit의 추산.

62 같은 책, p 14.

63 *Capital vol I*, Karl Marx (London 1974), pp 589~606.

64 "Engels and the Condition of the Workmg Class today", Doria Pilling, *The Condition of Britain*, Eds John Lea and Geoff Pilling (London 1996), p 19에서 인용한 수치.

65 *The Guardian*, (London 28 May 1996).

66 *The Financial Times* (London 17 April 1996).

67 *Social Trends 24* (London 1994), pp 63~64.

68 *The Condition of Britain*, 앞의 책, p 32.

69 "The facts of life on a low income", Catherine Pepinster, *Independent on Sunday* (London 2 June 1996).

70 *Social Trends 24* (London 1994), p 110.

71 *Who Gets What?*, 앞의 책, p 149에서 인용.

72 "She is, are you?", Dave Hill, *Observer Life* (London 31 March 1996), p 26.

3장 자본가 계급, 지배자로 태어나는 자들

1 *Class in a Capitalist Society*, John Westergaard and Henrietta Resler (London 1975), p 346.

2 *Who Gets What?*, John Westergaard (Cambridge 1995), pp 127~128.

3 *The Communist Manifesto*, Karl Marx and Frederick Engels (Tirana 1981), p 26.

4 *Labour and Monopoly Capital*, Harry Braverman (London 1974), pp

258~259.

5 *Class in a Capitalist Society*, 앞의 책, p 53.

6 *Labour and Monopoly Capital*, 앞의 책, p 405.

7 *Class: Where Do You Stand?*, Greg Hadfield and Mark Skipworth (London 1994), pp 73~74.

8 예컨대, 19세기 말 미국 정부는 직접 국가권력을 이용해 '황야의 서부' 지역에 질서를 확립하고 다른 지역에서 자본들 사이에 벌어지는 갈등을 해결해야만 했다.

9 "Anti Dühring", *Collected Works vol 25*, Karl Marx and Frederick Engels (Moscow 1987), p 266[국역: 《반 듀링론》, 새길아카데미, 2012].

10 *Class in a Capitalist Society*, 앞의 책, p 276.

11 *Capital vol III*, Karl Marx (London 1974), p 197.

12 같은 책, p 253.

13 *Business Age 500*, Number 47 (London 1994), p 24.

14 *Class and Capitalist Society*, Westergaard and Resler, 앞의 책, p 114.

15 같은 책, p 376.

16 같은 책, p 376. 예를 들어, *The Independent* (London 21 May 1996)에 실린 Veuve Clicquot 샴페인 광고 참고.

17 *Ideology and Superstructure in Historical Materialism*, Franz Jakubowski (London 1990), p 110[국역: 《이데올로기와 상부구조》, 한마당, 1987].

18 같은 책, p 110.

4장 중간계급, 샌드위치 신세?

1 "A middle class hero is something to be", Tony Parsons, *Daily Mirror* (London 15 April 1996), p 7.

2 "Class conflict: the human dimension", Sandy Carter, *Between Labour*

and Capital, Ed Pat Walker (Brighton 1979), p 101.

3 *Labour and Monopoly Capital*, Harry Braverman (London 1974), p 405.

4 *The Communist Manifesto* (Tirana 1981), p 27.

5 *Labour and Monopoly Capital*, 앞의 책, p 407.

6 *Karl Marx's Theory of Revolution*, Hal Draper (New York 1978), p 292[이 중 일부가 《계급과 혁명》, 사계절출판사, 1986으로 국역돼 있다].

7 이런 관점은 1960년대 말과 1970년 초에 더 흔했고, 전통적인 육체 노동자들이 정치 행동에 참여하지 않고 (예를 들어 1960년대 말 미국처럼) 대학 교육을 받은 전문직들이 더 급진적인 관점을 가지는 경향을 설명하는 구실이 되곤 했다.

8 "On social classes", Nicos Poulantzas, *New Left Review* (London No 78 March April 1973).

9 "The professional-managerial class", Barbara and John Ehrenreich, *Between Labour and Capital*, 앞의 책, p 12.

10 같은 책, p 18.

11 "Between the lines", Robert Shaeffer and James Weinstein, *Between Labour and Capital*, 같은 책, p 149.

12 *Labour and Monopoly Capital*, 앞의 책, pp 407~408.

13 예컨대, 1993년 여성 언론인, 작가, 저술가의 주급은 평균 366.5파운드였고, 이 중 10퍼센트는 221.5파운드 이하를, 38퍼센트는 세전 300파운드 이하를 받았다. *New Earnings Survey 1993*, Part A, HMSO (London), p A9.3.

14 전통적으로 가장 전투적인 교원노조인 NUT를 제외하면 가장 큰 교원노조인 NASUWT와 가장 '전문적'인 교원노조인 ATL은 최근에 압력을 받아 행동에 나서는 안을 논의해야만 했다.

15 *Employment Gazette*, (London July 1995), p 281.

16 *Independent on Sunday*, (London 28 April 1996).

17 중간계급이 '모순적 계급 위치'를 점한다는 에릭 올린 라이트의 정식은 다소 융통성 없고 정형화된 관점으로 중간계급의 유동성을 고려하지 않는다.

또 그는 중간계급의 위치를 잉여가치 추출 과정과 맺는 관계로 설명하기보다는 통제권에서 기인하는 것으로 보는 경향이 있다. 그래서 다음과 같이 적는다. "일반적으로 지식인들은 경제적으로는 노동계급과 프티부르주아지 사이에서, 이데올로기적으로는 노동계급과 부르주아지 사이에서 모순적 계급 위치를 점한다." 이것이 뜻하는 바는 (이데올로기와 경제 영역을 완전히 분리한 점은 제외하더라도) 계급을 역동적 관계로 이해하기보다 개인이 특정한 '공간'을 차지한다는 계급 개념으로 이어진다. "Intellectuals and the Class Structure of Capitalist Society", Erik Olin Wright, *Between Labour and Capital* (Brighton 1979), p 204. "A Defence of Marxist Class Analysis — and a critique of Wright's Neo-Weberian Synthesis"에서 라이트에 대한 비판적 관점을 제시한 존 거베이와 *The Changing Working Class* (London 1987), pp 27~36[국역: 《노동자 계급에게 안녕을 말할 때인가》, 책갈피, 2001]에서 라이트를 다룬 알렉스 캘리니코스에게 감사한다.

18 *Karl Marx's Theory of Revolution vol II*, 앞의 책, p 296에서 인용한 프리드리히 엥겔스가 에밀 블랭크에게 보낸 편지.

19 같은 책, p 298.

20 같은 책, p 304.

21 *Fascism, Stalinism and the United Front*, Leon Trotsky (London 1989), pp 41~43[국역: 《파시즘, 스탈린주의, 공동전선》, 책갈피, 2019].

22 *The British Electorate 1963~1992*, Ivor Crewe, Anthony Fox and Nell Day (Cambridge 1995), p 19 참고.

23 *Who Gets What?*, John Westergaard (Cambridge 1995), pp 173~174에서 인용한 연구 결과.

24 *The British Electorate*, 앞의 책, p 372.

25 *Independent* (London 30 May 1995), p 13에 보도된 여론조사 결과.

5장 노동계급의 혁명적 잠재력: 어떻게 실현되는가?

1 *The German ideology*, Karl Marx and Frederick Engels (London 1965), p 60.

2 같은 책, p 94.

3 *Talking Work*, Trevor Blackwell and Jeremy Seabrook (London 1996), p 200.

4 *Labour and Monopoly Capital*, Harry Braverman (London 1974), p 277.

5 같은 책, p 279.

6 같은 책, p 276.

7 *The German ideology*, 앞의 책, p 86.

8 "The Poverty of Philosophy", *Collected Works vol VI*, Karl Marx, pp 210~211.

9 "Marx and the Unions", Chris Bambery, *International Socialism 26* (London Spring 1985), p 83에서 인용한 *Marx and Engels Selected Works vol 2* (23 November 1871), p 423.

10 *Karl Marx's Theory of Revolution vol II*, Hal Draper (New York 1978), p 40.

11 *Labour's Turning Point*, Eric Hobsbawm (Brighton 1974), p 80.

12 *The British Communist Party and the Trade Unions*, Nina Fishman (London 1994), p 217.

13 "Trade unions in Republic gained nearly 10,000 members last year", Padraig Yeates, *Irish Times* (Dublin 28 May 1996).

14 *Ideology and Superstructure in Historical Materialism*, Franz Jakubowski (London 1990), p 123.

15 같은 책, p 123.

편집자 후기

이 사회가 불평등하다는 생각은 상식처럼 퍼져 있다. 그래서 불평등을 폭로하고 나름으로 그 원인을 진단하는 책들은 이미 많다.

그렇지만 이 사회의 동학을 꿰뚫어 보며 그것이 어떻게 체계적으로 불평등을 양산하는지 밝혀내는 책, 그래서 이 불평등을 없앨 대안을 제시할 수 있는 책이 필요하다고 생각했다. 영국의 사회주의자 린지 저먼은 마르크스의 계급론으로 이를 설명했다.

계급이란 무엇인지, 오늘날 계급 문제가 왜 중요한지, 그리고 이 불평등한 사회를 바꾸기 위한 실마리를 어디서 찾을 수 있는지 고민하던 독자들에게 이 책이 유익했기를 바란다. 또 독자들이 복잡한 현실의 문제에 맞닥뜨리며 이런 문제를 곱씹을 때마다 다시 펼쳐 보는 책이 되기를 진심으로 바란다.

이 책에는 여러 통계 자료가 인용되는데 이 책이 쓰인 이후의 추세를 보이기 위해, 필요한 곳에는 최신 통계 수치를 병기했다. 이 책의 분석이 여전히 유효함을 이해하는 데 도움이 됐기를 바란다.

마지막으로, 이 책이 출간되기까지 도움을 준 분들에게 이 글을 빌려 고마움을 표하고 싶다. 먼저, 이 책을 번역했고 출간되기까지 묵묵히 기다려 준 옮긴이 최병현에게 감사 드린다. 또, 바쁜 와중에도 원고를 꼼꼼히 검토해 이 책이 오늘날 한국의 독자들에게 어떤 의의가 있고 왜 유용한지를 설득력 있게 설명하는 추천사를 써 준 《오늘날 한국의 노동계급》 저자 김하영과 교열 작업에 큰 도움을 준 〈노동자 연대〉 기자 이원웅에게 특별히 감사 드린다.

찾아보기